AF245854

R
4946
(165)

JÉSUS-CHRIST

EST-IL RESSUSCITÉ ?

PAR

l'Abbé Constantin CHAUVIN

Ancien professeur d'Écriture sainte au Séminaire de Laval
Supérieur du Séminaire de Mayenne

DEUXIÈME ÉDITION

PARIS

LIBRAIRIE B. BLOUD

4, RUE MADAME ET RUE DE RENNES, 59

1901

Tous droits réservés

SCIENCE ET RELIGION

Études pour le temps présent. — Prix : 0 fr. 60 le vol.

— **Certitudes scientifiques et certitudes philosophiques,** par le R. P. DE LA BARRE, S. J., prof. à l'Institut catholique de Paris.   1 vol.
— *Du même auteur :* **L'Ordre de la nature et le Miracle.**   1 vol.
— **L'Ame de l'homme,** par J. GUIBERT, supérieur du séminaire de l'Institut catholique de Paris.   1 vol.
— **Faut-il une religion ?** par l'abbé GUYOT.   1 vol.
— *Du même auteur :* **Pourquoi y a-t-il des hommes qui ne professent aucune religion ?**   1 vol.
— **Nécessité scientifique de l'existence de Dieu,** par P. COURBET.   1 vol.
— *Du même auteur :* **Jésus-Christ est Dieu.**   1 vol.
　　　　id.　　　　**Convenance scientifique de l'Incarnation.**   1 vol.
— **Études sur la pluralité des mondes habités et le dogme de l'Incarnation,** par le R. P. ORTOLAN.
　I. — *L'Epanouissement de la vie organique à travers les plaines de l'infini.*   1 vol.
　II. — *Soleils et terres célestes.*   1 vol.
　III. — *Les Humanités astrales et l'Incarnation.*   1 vol.
— *Du même auteur :* **La Fausse Science contemporaine et les Mystères d'Outre-tombe.**   1 vol.
　　　　id.　　　　**Vie et Matière ou Matérialisme et spiritualisme en présence de la Cristallogénie.**   1 vol.
　　　　id.　　　　**Matérialistes et Musiciens.**   1 vol.
— **L'Au delà ou la Vie future d'après la foi et la science,** par l'abbé J. LAXENAIRE.   1 vol.
— **Le Mystère de l'Eucharistie. — Aperçu scientifique,** par l'abbé CONSTANT.   1 vol.
— *Du même auteur :* **Le Mal,** sa nature, son origine, sa réparation.   1 vol.
— **L'Eglise catholique et les Protestants,** par G. ROMAIN.   1 vol.
— *Du même auteur :* **L'Inquisition,** son rôle religieux, politique et social.   1 vol.
— **Mahomet et son œuvre,** par I. L. GONDAL, professeur d'apologétique et d'histoire au séminaire Saint-Sulpice.   1 vol.
— *Du même auteur :* **L'Eglise Russe.**   1 vol.
— **Christianisme et Bouddhisme** (*Etudes orientales*), par l'abbé THOMAS, vicaire général de Verdun.   2 vol.
— *Du même auteur :* **Dieu auteur de la vie.**   1 vol.
　　　　id.　　　　**La Fin du monde d'après la Foi.**   1 vol.
— **Où en est l'hypnotisme,** son histoire, sa nature et ses dangers, par A. JEANNIARD DU DOT, auteur du *Spiritisme dévoilé.*   1 vol.
— *Du même auteur :* **Où en est le Spiritisme.**   1 vol.
　　　　id.　　　　**L'Hypnotisme et la science catholique.** 1 vol.
　　　　id.　　　　**L'Hypnotisme transcendant en face de la philosophie chrétienne.**   1 vol.

— **L'Apologétique historique au XIXe siècle. La Critique**
religieuse de Renan, etc., par l'abbé Ch. Denis.   1 vol.
— **Nature et Histoire de la liberté de conscience**, par l'abbé
ANET.   1 vol.
— **L'Animal raisonnable et l'Animal tout court**, par C. de
IRWAN.   1 vol.
— **La Conception catholique de l'Enfer**, par l'abbé Brémond. 1 vol.
— **L'Attitude du catholique devant la Science**, par G. Fon-
SGRIVE.   1 vol.
— *Du même auteur* : **Le Catholicisme et la Religion de**
l'Esprit.   1 vol.
— **Du Doute à la Foi**, par le R. P. Tournebize, S J.   1 vol.
— *Du même auteur* : **Opinions du jour sur les peines d'outre-**
ombe.   1 vol.
— **La Synagogue moderne, sa doctrine et son culte**, par A. F.
AUBIN.   1 vol.
— *Du même auteur* : **Le Talmud et la Synagogue moderne.** 1 vol.
— **Evolution et Immutabilité de la doctrine religieuse dans**
l'Eglise, par M. Prunier, supérieur de grand séminaire.   1 vol
— **La Religion spirite, son dogme, sa morale et ses pratiques**, par
Bertrand.   1 vol.
— *Du même auteur* : **L'Occultisme ancien et moderne.**   1 vol.
— **L'Hypnotisme franc et l'Hypnotisme vrai**, par le Docteur
ELOT.   1 vol.
— **L'Eglise et le Travail manuel**, par l'abbé Sabatier.   1 vol.
— **Unité de l'espèce humaine**, *prouvée par la similarité des con-*
ceptions et des créations de l'homme, p. le marquis de Nadaillac. 1 vol.
— *Du même auteur :* **L'Homme et le Singe.**   2 vol.
— **Le Socialisme contemporain et la Propriété**, par M. G.
ARDANT.   1 vol.
— **Pourquoi le Roman à la mode est-il immoral et pourquoi**
e Roman moral n'est-il pas à la mode? p. G. d'Azambuja.   1 vol.
— **Comment se sont formés les Evangiles?** par le P. Th. Calmes,
professeur au grand séminaire de Rouen.   1 vol.
— **L'Impôt et les Théologiens**, *Etude philosophique, morale et*
économique, par le comte de Vorges, ancien ministre plénipotentiaire,
membre de l'Académie de Saint-Thomas, etc., etc.   1 vol.
— *Du même auteur* : **Les Ressorts de la Volonté et le libre**
arbitre.   1 vol.
— **Nécessité mathématique de l'existence de Dieu.** *Expli-*
cations. — *Opinions, Démonstrations*, par René de Cléré.   1 vol.
— **Saint Thomas et la Question juive**, par Simon Deploige, pro-
fesseur de l'Université Catholique de Louvain.   1 vol.
— **Premiers principes de Sociologie Catholique**, par l'abbé
AUDET.   1 vol.
— **La Patrie.** — *Aperçu philosophique et historique*, par J. M. Ville-
BANCHE.   1 vol.
— **Le Déluge de Noé et les races Prédiluviennes**, par C. de
IRWAN.   2 vol.
— **La Saint-Barthélemy**, par Henri Hello.   1 vol.
— **L'Esprit et la Chair.** *Philosophie des macérations*, par Henri
ASSERRE, auteur de *Notre-Dame de Lourdes*, etc., etc.   1 vol.

— **Le Levier d'Archimède ou la Mécanique céleste et le Céleste mécanicien**, par le R. P. Ortolan. 2 vo[l]

— **Ce que le Christianisme a fait pour la femme**, par G. d'Aza-
buja 1 vo[l]

— **L'Hypnotisme et la Stigmatisation**, par le Dr Imbert-Gour-
beyre. 1 vo[l]

— **L'Education chrétienne de la Démocratie**, *essai d'apologétiqu[e]
sociale*, par Ch. Calippe. 1 vo[l]

— **La Religion catholique peut-elle être une science ?** par l'abb[é]
G. Frémont. 1 vo[l]

— *Du même auteur :* **Que l'Orgueil de l'Esprit est le grand écuei[l]
de la Foi**, *Théodore Jouffroy, Lamennais, Ernest Renan.* 1 vo[l]

— **La Révélation devant la Raison**, par F. Verdier, supérieur d[u]
Grand Séminaire. 1 vo[l]

— **Confréries musulmanes.** — *Histoire, Discipline, Hiérarchie,* pa[r]
le R. P. Petit. 1 vo[l]

— **Pratique de la Liberté de conscience dans nos Société[s]
contemporaines**, par l'abbé Canet. 1 vo[l]

— **Comment peut finir l'Univers**, d'après la science, par C. d[e]
Kirwan. 1 vo[l]

— **Les Théories modernes de la Criminalité**, par le Docteu[r]
Delassus. 1 vo[l]

— **Faillite du Matérialisme**, par Pierre Courbet, 3 vol. *se vendan[t]
séparément :*

  I. — *Historique.* 1 vol[.]

  II. — *Discussion ; l'atome et le mouvement.* 1 vol[.]

  III. — *Discussion ; l'éther, les gaz, l'attraction. Conclusion. — Appen[-]
    dice.* 1 vol[.]

— **Le Globe terrestre**, par A. de Lapparent, Membre de l'Institut[,]
professeur à l'Ecole libre des Hautes Etudes, 3 vol. *se vendant sépa[-]
rément.*

  I. — *La Formation de l'écorce terrestre.* 1 vol[.]

  II. — *La nature des mouvements de l'écorce terrestre.* 1 vol[.]

  III. — *La Destinée de la terre ferme et la Durée des temps.* 1 vol[.]

— **De la Connaissance du Beau**, *sa définition, application de cett[e]
définition aux beautés de la nature*, par l'abbé Gaborit, archiprêtre d[e]
la Cathédrale de Nantes. 1 vol[.]

— **Le Diable dans l'Hypnotisme**, par le docteur Ch. Hélot. 1 vol[.]

— **De la Prospérité comparée des nations protestantes et de[s]
nations catholiques**, *au point de vue économique, moral, social*, pa[r]
le R. P. Flamérion, S. J. 1 vol[.]

— **L'Art et la Morale**, par le P. Sertillanges, dominicain, docteu[r]
en théologie. 1 vol[.]

— **La Sorcellerie**, par I. Bertrand. 1 vol[.]

— **Qu'est-ce que l'Ecriture sainte ?** *Les Livres inspirés dans l'an[-]
tiquité chrétienne : Théorie de l'inspiration*, p. le P. Th. Calmes. 1 vol[.]

— **Les Morts reviennent-ils ?** par I. Bertrand. 1 vol[.]

(Demander la liste **complète** *des volumes* **Science et Religion**
parus à ce jour).

ST-AMAND (CHER). — IMPRIMERIE DESTENAY, BUSSIÈRE

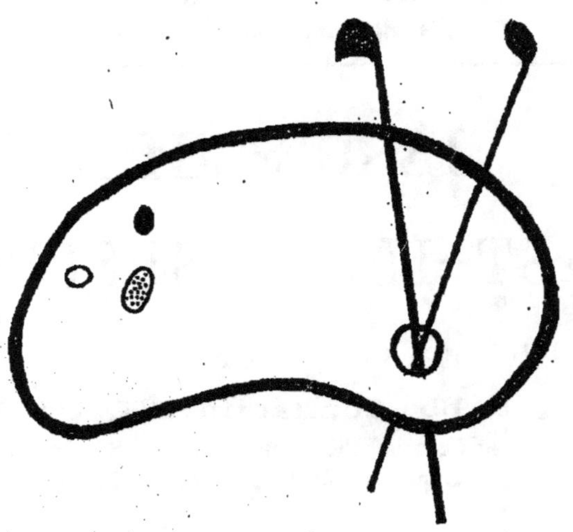

FIN D'UNE SERIE DE DOCUMENTS
EN COULEUR

JÉSUS-CHRIST EST-IL RESSUSCITÉ ?

PAR

l'Abbé Constantin CHAUVIN

Ancien professeur d'Écriture sainte au Séminaire de Laval
Supérieur du Séminaire de Mayenne

PARIS

LIBRAIRIE B. BLOUD

4, RUE MADAME ET RUE DE RENNES, 59

1901

Tous droits réservés

IMPRIMATUR

Valle Guidonis, die 8ᵃ Julii 1901

BATARD,

vic. gén.

PRÉFACE

C'est chose admise par nous catholiques, et par tout chrétien digne de ce nom, que Jésus-Christ est ressuscité. Le matin du troisième jour il se leva vivant, et sortit de son sépulcre vainqueur de la mort, de la haine et de l'enfer. La vérité de ce triomphe est le fondement de notre foi et de notre espérance ; saint Paul l'a proclamé (1), et quoi qu'en ose dire M. Réville (2), saint Paul a raison.

Mais est-il bien vrai que le Christ soit ressuscité ? Maints critiques rationalistes en doutent ou même le nient. Les uns répondent :

(1) Cf. I Cor., xv, 17-19.

(2) « C'est, dit-il, à la solution de ce problème, l'un des plus ardus de l'histoire qu'on a eu l'imprudence d'attacher les destinées du christianisme, en affirmant que si la olution n'était pas celle que la tradition propose, savoir la résurrection, le retour à la vie du corps qu'on avait déposé mort au tombeau l'avant-veille, la religion

*Non, Jésus n'est pas ressuscité, car pour res-
susciter réellement il faut être réellement
mort ; or, Jésus sur la croix n'était mort qu'en
apparence. D'autres concèdent que la mort fut
réelle, mais ils se refusent à croire que le cadavre du Crucifié revint à la vie. Ou bien, di-
sent-il, — c'était déjà la thèse de la vieille
synagogue, — les apôtres, après s'être fait
le mot, enlevèrent le corps du Maître ; ou
bien les disciples et les femmes qui s'imagi-
nèrent voir Jésus vivant furent des hallucinés ;
ou enfin les prétendues apparitions du Sauveur ne sont que des fables, échappant à toute
investigation historique, et ne présentant
d'ailleurs qu'un tissu d'évidentes contradictions.*

*Ainsi raisonnent les Paulus, les Strauss, les
Renan, les Hase, les Baur, etc., etc., sans
parler de ces critiques plus récents, qui au
nom de la science actuelle repoussent le miracle de la résurrection. Selon eux, « l'idée de
la résurrection réelle d'un corps réellement
mort n'a pu être adoptée que dans un temps et*

chrétienne s'effondrerait comme un édifice dont les fonde-
ments se retirent... Cette opinion s'appuie volontiers sur
une déclaration de Paul (I Cor., xv, 17), mais on peut
contester cette allégation de l'Apôtre ». Jésus de Nazareth, t. II, p. 432.

par des hommes à qui manquaient les notions physiologiques acquises depuis » (1).

Le plan de notre travail est tout tracé.

Nous établirons d'abord la réalité de la mort de Jésus en croix ; nous montrerons en-suite que le cadavre du Crucifié fut réellement mis au tombeau et qu'il y demeura jusqu'au surlendemain du vendredi, sans avoir pu être enlevé par personne ; enfin nous démontrerons que les apparitions du divin Ressuscité pen-dant quarante jours sont des faits réels, dont aucune objection ne saurait détruire l'histori-cité (2).

Alors il ne restera plus qu'à conclure en bonne logique : Jésus-Christ est véritablement ressuscité ; donc il est Dieu *et sa religion est* divine.

Mayenne, le 15 mai 1901.

(1) Réville, op. cit., t. II, p. 454.
(2) Stapfer *soutient qu'il est* « chimérique » *de vouloir* « prouver historiquement le miracle du retour de Jésus à la vie », *parce qu'un* « miracle ne se démontre pas », *mais* « s'affirme par la foi ». Cf. La résurrection de J.-C., pp. 303-305. — *Cette philosophie est fausse. Le miracle est un fait, et appartient comme tel à l'histoire. Or, tout fait historique, étant un fait réel, peut et doit se démontrer par le témoignage ; ce sont les témoignages qui produisent dans l'esprit l'évidence ou la certitude morale. Sans cela, pas d'histoire possible.*

JESUS-CHRIST
EST-IL RESSUSCITÉ ?

PREMIÈRE PARTIE

Réalité de la mort de Jésus.

CHAPITRE PREMIER

LES PREUVES

Ces preuves, toutes également irréfutables, se ramènent à deux groupes : les preuves *matérielles* et les preuves *morales*.

Les premières, d'ordre physiologique, établissent que les souffrances endurées par le Christ au cours de sa Passion, pendant le crucifiement, et sur la croix, entraînaient fatalement la mort. — Les secondes, basées sur l'autorité des évangélistes et sur l'impression des témoins — hostiles ou amis — qui assistèrent à l'événement, nous persuadent que ni les apôtres, ni Pilate, ni les Juifs, ne doutaient au soir du vendredi saint de la mort du Crucifié.

§ 1. — *Preuves matérielles ou physiologiques de la mort de Jésus.*

Quand on lit sans parti pris les récits évangéliques de la Passion (1), il est imposible de ne pas reconnaître que le Sauveur souffrit des tourments tels qu'une mort prompte devait s'ensuivre inévitablement. On peut s'étonner même qu'il n'ait pas expiré plus tôt sous les coups et les mauvais traitements qu'on lui prodigua.

Il est certain d'abord que Jésus subit une agonie terrible avant celle du Calvaire. Et ce ne fut pas, comme on l'a prétendu, une simple agonie « morale ». La tristesse, le dégoût, la frayeur en furent sans doute les causes, mais physiques en furent les effets, et même la commotion dans le corps du Christ fut si violente, qu'une sueur de sang s'échappant par tous les pores ruissela sur sa chair sacrée et découla jusque sur le sol (2). Les médecins catholiques se demandent si ce phénomène d'hémathydrose fut naturel ou miraculeux ; il n'importe. Ce qui est sûr, c'est que la sueur de sang éprouvée par Jésus fut si abondante que le sol s'en trouva humecté ; saint Luc l'atteste. Par conséquent, cette hémorragie dut affaiblir déja beaucoup le Sauveur.

(1) Inutile d'observer que la mode se passe de plus en plus aujourd'hui de contester la *véracité* des Evangiles. Au dire des hétérodoxes eux-mêmes, « l'immense travail critique accompli sur les sources de la vie de Jésus un peu partout, mais spécialement en Allemagne, pendant les soixante-dix dernières années, n'a abouti qu'à en mieux établir le crédit ». *Revue* (protestante) *de théologie et de philosophie*. Lausanne.

(2) Cf. *Luc*, XXII, 43, 44. On a mis en doute l'authenticité de ces deux versets au nom de la critique et de la physiologie. Mais des savants et d'érudits interpètes ont eu vite fait de réduire à néant les objections des incrédules. Cf. BARABAN, *Diction de la Théolog. cath.*, t. I. col, 621-624.

De nouvelles pertes de sang l'affaiblirent davantage
encore le lendemain. On sait que Pilate le fit flageller.
Or la flagellation était chose effrayante. Sous les fouets
la chair du patient volait en lambeaux ; la peau dé-
chirée laissait apercevoir les veines ; les os étaient
mis à nu. On cite même des cas où les victimes ex-
piraient de douleur. D'ailleurs, l'habitude de flageller
ainsi avant l'exécution les condamnés à mort avait
pour but de leur abréger le supplice final. Il est donc
certain que le Sauveur après ces atroces tortures
demeura exténué, brisé, d'autant que ses bourreaux
le frappèrent pour le frapper, avec rage et sans
compter. Une loi de Moïse fixait le nombre des coups
à trente-neuf ou quarante, mais ce nombre fut impi-
toyablement dépassé pour Jésus. Son corps n'était
qu'une plaie.

Ajoutons que le divin Condamné fut contraint de
s'acheminer en cet état de l'Antonia, palais du procurateur romain, jusqu'au Golgotha. Une pesante croix
l'écrasait. Aussi, sa fatigue et son épuisement furent
tels qu'on dut un moment le décharger de son fardeau.
Ce détail mentionné par trois évangélistes prouve
assez qu'on craignait qu'il n'allât pas jusqu'au bout.

Et que dire du crucifiement qui suivit ? C'était le
plus épouvantable martyre qu'un homme sur terre
pût souffrir : *crudelissimum teterrimumque supplicium*,
dit Cicéron (1). Nous avons décrit ailleurs (2) les
souffrances que le Christ endura pendant que les
bourreaux le clouèrent à la croix. Les tortures de la
nuit se renouvelèrent alors, ses blessures se rouvri-
rent, le sang recommença de couler, s'échappant
des affreuses déchirures des mains et des pieds. Au
bout d'une heure, néanmoins, l'hémorragie dut cesser,
le sang circulant mal. « Chez les crucifiés, en effet,
remarque Mgr Le Camus (3) après Wiseman (4), le

(1) *In Verrem*, v, 64.
(2) Voir notre opuscule : *Au Golgotha.*
(3) *Vie de N.-S. J.-C.*, t. i, p. 549, note.
(4) *Discours sur les rapports entre la science et la religion
révélée*, 5ᵉ Disc., pp. 191, suiv.

sang se portait par les artères sur les parties du corps les plus fortement comprimées ou tendues, avec une telle abondance que les veines ne suffisaient pas à le ramener. L'aorte, à cause des obstacles qui se trouvaient aux extrémités des bras et des jambes, faisait affluer le sang au ventre et surtout à la tête où il déterminait, par la pression violente des carotides, une rougeur très vive de la face et une douleur générale intolérable. Ce qu'il y avait de plus affreux, c'est que l'aorte, ne pouvant expulser le sang assez rapidement aux extrémités des membres engorgés, cessait de recevoir le sang envoyé par le ventricule gauche du cœur. Celui-ci, à son tour, ne recevait pas librement le sang qui venait des poumons, et le ventricule droit lui-même, ne pouvant jeter dans les poumons déjà remplis le sang qu'il élaborait, achevait le désordre, et créait une souffrance plus dure que la mort. »

Evidemment Jésus, dont la délicate constitution était déjà épuisée par tous les mauvais traitements de la journée et de la nuit, ne pouvait résister longtemps à un tel martyre. On évalue, je le sais, à une moyenne de 12 heures la durée ordinaire du supplice de la croix, mais il n'était pas rare qu'après quelques heures de supplice la rupture d'un vaisseau cérébral ou cardiaque délivrât brusquement la victime de ses tortures (1). C'est ce qui dut arriver pour le Christ. On croit qu'un vaisseau se rompit dans la région du cœur et que la mort fut instantanée (2). Quand l'évangéliste rapporte que Jésus « poussa un grand cri et expira » (3), il convient de prendre ces paroles à la lettre, et de ne pas les entendre d'une syncope ni d'un passager évanouissement, encore moins d'un accident cataleptique.

Ajoutons un dernier détail qui prouve la réalité de

(1) RÉVILLE, *Jésus de Nazareth*, t. II, p 412.
(2) C'est l'explication des physiologistes modernes, admise par RENAN (*Vie de Jésus*, p. 425, 9e édit.), RÉVILLE (*op. cit.*, t. II, p. 427) et d'autres,
(3) Cf. *Matt.*, XXVII, 50 ; *Marc*, XV, 37.

la mort du Christ. « Voyant que Jésus était manifestement mort, raconte saint Jean, les soldats ne lui brisèrent point les jambes, — comme ils le firent aux deux larrons crucifiés à droite et à gauche (1), — mais l'un d'eux avec la lance lui ouvrit le côté, et aussitôt il en sortit de l'eau et du sang » (2).

La critique a voulu épiloguer sur ce texte, prétendant que l'expression dont le quatrième évangéliste s'est servi : « latus ejus *aperuit* (ἔνυξεν) » suppose une blessure peu grave, — une simple égratignure ! affirme Paulus (3). Vains subterfuges ! nous savons quelles dimensions avait ordinairement le fer de la *hasta* des Romains (4). La déchirure faite au côté du Christ était donc profonde, — assez profonde pour que Thomas, le disciple incrédule, y pût introduire la main entière (5). Une tradition rapporte que la lance entra par le côté droit et sortit au niveau de la région précordiale sous le sein gauche, perçant ainsi en deux endroits la poitrine du Sauveur (6). D'autres pensent que Jésus reçut le coup de lance dans le côté gauche (7). Quoi qu'il en soit, le fer pénétrant de bas en haut atteignit le cœur du Crucifié après avoir traversé le péricarde. « Or, il y a dans le péricarde une substance qui se résout en eau dès que cette enveloppe est percée, ou en général dès que la température du corps s'abaisse. Habituellement cette substance existe en très petite quantité, mais les tortures que le Christ avait subies préalablement, jointes à la chaleur

(1) C'est ce qu'on appelait le *cruri/ragium*, — supplice autorisé par la loi romaine pour hâter la mort des crucifiés. Cf. SÉNÈQUE, *De ira*, III, 18, 32.

(2) Cf. *Joan.*, XIX, 33, 44.

(3) Il s'autorise de *Eccli.*, XXII, 24. — Mais le verbe νύσσειν désigne souvent aussi une perforation profonde. Voir des exemples dans BRETSCHNEIDER, *Lexicon*, s. h. v.

(4) Ce fer aiguisé en pointe, et de forme ovale, avait à peu près la largeur de la main. Cf. FRIEDLIEB, *Archéologie de la Passion*, p. 208.

(5) Cf. *Joan.*, XX, 27.

(6) Cf. CORNEILLE LAPIERRE, *Comment.* in h. l.

(7) C'est l'opinion de Luc de Bruges, d'Allioli, de Friedlieb, etc.

de fièvre qui le consumait, suffisaient, de l'aveu des médecins, à accumuler une telle quantité de cette humeur dans le *cavum thoracis*, que son écoulement fut visible aux yeux des témoins de cette lugubre scène » (1).

Il est incontestable, en tout cas, qu'une pareille blessure « était par elle-même une cause immédiate de mort » (2).

Donc Jésus mourut sur la croix ; c'est un point acquis à la science.

§ 2. — *Preuves morales.*

Ni les soldats de garde, ni les sanhédrites, ni les apôtres, ni les saintes femmes restées sur le Golgotha, ne doutaient que le « Nazaréen » fût réellement mort.

Les légionnaires ne l'avaient-ils pas vu expirer ? Pour s'assurer davantage qu'ils ne se trompaient pas, ils s'approchèrent, raconte saint Jean (3), et ensemble constatèrent que Jésus ne respirait plus. Voilà pourquoi, d'un commun accord, ils jugèrent inutile de lui donner *le coup de grâce* comme aux deux autres crucifiés. Si néanmoins l'un d'eux enfonça le fer de sa lance dans la poitrine du mort ce ne fut, semble-t-il, que pour remplir sa consigne de soldat.

La conviction des soldats, voilà donc une première preuve.

De fait, quand il s'agit de détacher le corps du Sau-

(1) Cf. FRIEDLIEB, *op. cit.*, pp. 209-210.

(2) Dr GOIX, *Le miracle*, p. 69. — On cite, comme analogue, le fait de l'assassinat de Carnot frappé d'un coup de poignard dans le côté. La plaie, située immédiatement au-dessous des fausses côtes droites, mesurait de 20 à 25 millimètres seulement ; le foie et la veine-porte étaient perforés (cf. PONCET, *Récit authentique de la blessure et de la mort du président de la République.* « Semaine médicale » 4 juillet 1894, p. 310). La blessure de Jésus fut sûrement, beaucoup plus grave.

(3) *Joan.*, XIX, 32, 33.

veur et de le remettre à Joseph d'Arimathie qui venait le réclamer, Pilate manda le centurion et s'informa si réellement le « Nazaréen » avait rendu l'âme. Sur la réponse affirmative de l'officier, le procurateur accorda ce que le noble sanhédrite demandait (1). N'était-ce pas la constatation *officielle* de la mort ? — Nouvelle preuve que tout était bien fini pour Jésus (2).

Les quelques Juifs, amis ou ennemis, restés au Calvaire, rentrèrent à Jérusalem trop convaincus hélas ! de l'évidente vérité. Apôtres et disciples en furent dans la consternation. Les deux qui sur le chemin d'Emmaüs, le dimanche soir, s'entretenaient avec le mystérieux voyageur qu'ils avaient rejoint, ne pouvaient taire leur désespoir : « Il a été livré par nos prêtres et nos princes, disaient-ils ; on l'a condamné à mort et crucifié. *Nous espérions* qu'il serait le Rédempteur d'Israël ; mais voilà trois jours passés que *tout est terminé* » (3). Pierre et les autres partageaient la même tristesse ; eux non plus ne conservaient pas d'espoir ; les événements les avaient entièrement découragés. Un refuge leur restait ; le Cénacle. Ils s'y cachèrent désolés, presque honteux, n'osant se montrer au grand jour. Chez eux la conviction que Jésus avait disparu pour toujours était si profonde que Thomas, par exemple, se refusa absolument à croire que le Maître pût être revenu à la vie (4). Le Ressuscité dut insister beaucoup, affirmer

(1) Renan attache un grand poids à cette preuve : « A vrai dire, écrit-il, la meilleure garantie que possède l'historien sur un point de cette nature (la réalité de la mort du Christ), c'est la haine soupçonneuse des ennemis de Jésus. Il est douteux que les Juifs fussent dès lors préoccupés de la crainte que Jésus ne passât pour ressuscité ; mais en tout cas ils devaient veiller à ce qu'il fût bien mort. Qu'elle qu'ait pu être à certaines époques la négligence des anciens en tout ce qui était constatation légale et conduite stricte des affaires, on ne peut croire que les intéressés n'aient pas pris à cet égard quelques précautions ». *Vie de Jésus*, p. 429, éd, cit.
(2) Cf. *Marc*, xv, 43-45.
(3) Cf. *Luc*, xxiv, 20-21.
(4) Cf. *Joan*, xxi, 25.

à plusieurs reprises et déclarer nettement qu'il était
bien celui qu'ils avaient connu (1).

Un fait qui démontre la conviction des amis
de Jésus à cet égard, c'est que Joseph d'Arimathie,
Nicodème, et quelques autres, s'empressèrent dès l'a-
près-midi du vendredi d'embaumer le cadavre du
Crucifié. On acheta tous les linges nécessaires,
linceul, suaire et bandelettes ; on apporta cent livres
d'un parfum précieux, mélange de myrrhe et d'aloès.
Le corps fut déposé dans un tombeau neuf, taillé dans
le roc vif et appartenant à Joseph d'Arimathie. A
l'entrée on roula une grosse pierre qui servit de
porte. C'était bien l'enterrement d'un *mort* (2).

Encore un détail. Les princes des prêtres et les
pharisiens allèrent trouver Pilate : « Ordonnez, di-
rent-ils, que le sépulcre soit gardé jusqu'au troisième
jour, de peur que ses disciples ne viennent le dérober et ne disent au peuple : Il est ressuscité *d'entre
les morts* ». — « Gardez-le, comme vous l'entendrez »,
répondit le Romain.

Les sanhédrites partirent, scellèrent la pierre du
tombeau, et y posèrent des gardes (3).

Personne ne s'y trompait ; il y avait sûrement là
un « cadavre ».

(1) Cf. *Marc*, xvi, 14 ; *Luc*, xxiv, 36-41.
(2) Cf. *Matt.*, xxvii, 57-61 ; *Marc*, xv, 42-47 ; *Luc*, xxiii,
50-56 ; *Joan.*, xix, 38-42.
(3) Cf. *Matt.*, xxvii, 62-66.

CHAPITRE II

§ 1. — *Hypothèse d'une supercherie de Jésus : la mort simulée.*

Le « Nazaréen » n'aurait-il point simulé la mort sur la croix, dans le but d'être détaché plus tôt de son gibet ? Si invraisemblable qu'elle paraisse de prime abord, cette hypothèse prétend s'autoriser d'expériences incontestables et sanctionnées aujourd'hui par la science. C'est un fait, écrit le Dʳ Goix, que « les rapports intimes des battements cardiaques avec les mouvements respiratoires permettent à l'homme d'agir indirectement sur son propre cœur. Pendant un effort inspiratoire, énergique et prolongé, les mouvements du cœur deviennent moins rapides. En se préparant et en faisant une grande inspiration... on peut arriver à suspendre les battements de son cœur » (1). L'expérience en a été faite sur eux-mêmes par un physiologiste allemand, Fr. Weber (2), et par le colonel anglais Townshend (3).

N'est-ce pas précisément ce qui se passa au Calvaire ? Le crucifié se soulevant sur le bois fatal et

(1) Cf. Goix, *Le miracle*, p. 64.
(2) Weber, *Berichte über die Verhandlungen der Sachsischen Gesellschaft der Wissenschaften*, p. 29.
(3) Cheyne, *The english malady, or a Treatise of nervous Diseases*, p. 307

faisant un effort suprême, poussa un grand cri ; la poitrine se dilata ; un volume d'air très considérable s'y introduisit. Immédiatement le cœur battit avec plus de calme ; peu à peu ses contractions rythmiques se ralentirent, puis cessèrent tout àffait. On le crut mort.

Ce n'était qu'une mort « simulée ».

Hypothèse aussi impie que ridicule ! Nous voulons bien admettre les faits d'expérience relatés ci-dessus, dans la mesure pourtant où une science sérieuse les a constatés ; nous admettons encore que l'arrêt momentané du cœur est compatible avec la vie dans l'individu, et qu'après un arrêt de ce genre les battements cardiaques peuvent reprendre leur cours. Mais nous nions absolument qu'il en ait été ainsi pour Jésus-Christ sur la croix. Physiologiquement et moralement pareille supposition est insoutenable.

En effet l'expérience établit que la « mort apparente », conséquente à la cessation momentanée des mouvements cardiaques, ne saurait sans danger pour la vie se prolonger plus d'une demi-heure (1). L'expérience de Weber ne dura pas « une minute entière » (2) ; celle de Townshend fut plus longue, mais l'imprudent colonel en mourut.

Or, le Christ demeura beaucoup plus d'une demiheure sur le bois de supplice avec toutes les apparences de la mort. A partir de l'instant où les soldats le virent expirer (c'est-à-dire vers trois heures) jusqu'au moment où on le descendit de la croix, il ne s'écoula pas moins d'une heure et demie, sinon davantage. Il serait donc mort infailliblement, s'il avait usé du stratagème qu'on suppose.

Comment d'ailleurs ose-t-on imaginer que le Sauveur, qui avait accepté de mourir en expiation des crimes du monde (3), se soit déjugé *in extremis* en recourant à une supercherie ? — Blasphème que cette invention ! N'insistons pas et ne prêtons pas au Sauveur un rôle d'histrion.

(1) Cf. Goix, *op. cit.*, p. 67.
(2) Lui-même le déclare, *op. cit.*, p. 29.
(3) Cf. *Is.*, LIII, 7.

§ 2. — *Autre hypothèse : Jésus « évanoui » dans « une syncope » sur la croix.*

C'est au D^r allemand Paulus (1), professeur à Heidelberg, que nous sommes redevables de cette trouvaille. Il est parti de ce fait que « le supplice de la croix tuait lentement » ; la mort ne venait qu'après de longues heures de souffrance. Or Jésus ne resta que peu d'heures — trois heures tout au plus — sur la croix. C'était assez pour provoquer chez lui une syncope profonde, ce n'était pas suffisant pour déterminer complètement la mort. D'ailleurs, à la suite des hémorragies la syncope survient facilement, surtout lorsque le sujet reste debout. N'était-ce pas précisément le cas de Jésus, qui, après avoir perdu beaucoup de sang, fut crucifié *droit* sur le bois d'ignominie ? On sait que la syncope est consécutive à de fortes émotions morales, à une douleur vive, à une blessure grave. C'était encore sûrement le cas de Jésus. De fait, une tradition, que l'Evangile confirme (2), nous apprend que le Sauveur eut plusieurs défaillances sur le chemin du Calvaire. Comment n'en aurait-il pas eu une plus grande et beaucoup plus prolongée après trois heures de crucifiement ? On s'explique donc que les témoins de cette scène le crurent réellement mort. Mais l' « évanoui » déposé au jardin de Joseph d'Arimathie dans une grotte fraîche, au milieu d'aromates au parfum pénétrant, revint à lui peu à peu, se ranima après une nuit et un jour, dérangea assez la lourde pierre qui fermait son tombeau pour sortir, et se montra à ses disciples qui n'en croyaient pas leurs yeux.

Voilà les rêveries exportées d'outre-Rhin par quelques écrivains français (3) qui ont essayé et qui

____

(1) Il a développé son idée dans sa *Leben Jesu*, 1828. D'autres critiques rationalistes allemands — Schleiermacher, Hase, Herder — ont défendu la même thèse après lui.

(2) Cf. *Matt.*, xxvii, 32 ; *Marc*, xv, 21.

(3) Paul de Régla, *Jésus de Nazareth*, p. 325 ; Skepto, *La fin du merveilleux*, p. 64.

2

essaient encore de les populariser chez nous.
Inutile de dire que les esprits sérieux, — même
certains rationalistes plus avisés — n'y prêtent guère
attention. Ecoutons M. Réville : « Cette théorie de
Paulus, qui eut son temps de vogue au siècle dernier...
n'est qu'un tissu d'invraisemblances *matérielles* et
morales. — Matériellement on peut sans crainte ranger
parmi les choses impossibles qu'un homme, déjà brisé
de fatigue, épuisé par les mauvais traitements, cloué
sur une croix pendant plusieurs heures, détaché,
enseveli et abandonné dans un tombeau fermé, soit
physiquement en état d'en sortir seul quelque trente-
six heures après, et de faire immédiatement les
voyages petits et grands que supposent les récits (évangéliques). La crucifixion et ses effets physiologiques
s'y opposent absolument » (1). Une syncope conséquente à un tel supplice, précédé lui-même des
souffrances que l'on sait, eût été infailliblement
mortelle. Très rares dans l'histoire sont les cas où
des crucifiés détachés à temps survécurent ; encore
ces malheureux durent-ils être entourés immédiatement des soins les plus minutieux pour revenir à la
vie (2). Jésus n'eut point ces soins immédiats.

Enfin quand on étudie d'un peu près le caractère
du Christ et que l'on se rappelle sa sainteté, son
esprit de droiture, « est-il un instant permis — c'est
toujours M. Réville que nous citons — de se le représenter laissant ses disciples croire qu'il était
ressuscité, quand lui-même savait qu'il n'en était
rien, puis les abandonnant aux rudes épreuves qui
les attendaient, pour se retirer dans une obscurité
oisive, égoïste, si prudente, qu'elle ressemble à une
désertion » (3) ? Il y a là, conclut l'éxégète rationaliste, une série d'impossibilités psychologiques, et

----

(1) *Jésus de Nazareth*, t. II, p. 455.
(2) Cf. Goix, *op. cit.*, p. 64.
(3) On suppose en effet que Jésus, sorti furtivement du
tombeau, se cacha en Syrie, et qu'il y finit ses jours, on
ne sait quand ni où (1).

il faut chercher autre chose » (1). De fait, l'hypothèse
de Paulus est communément rejetée aujourd'hui.

§ 3. — *Nouvelle hypothèse : Jésus « endormi »*
d'un « sommeil cataleptique » sur la croix.

Nouvelle invention de la critique aux abois !

Quelques sceptiques se demandent donc si l'état
du Christ, que beaucoup croyaient mort sur la croix,
n'était point comparable à la somnolence de ces
fakirs de l'Inde qu'on ensevelit vivants, et qui vivent
ainsi d'une « vie latente » pendant plusieurs semaines
ou plusieurs mois (2). Ils paraissent morts, mais « ils
se distinguent absolument des morts par l'aptitude
à vivre qu'ils conservent, et qu'ils manifestent à nouveau dès que les circonstances redeviennent favora-
bles » (3).

Que valent ces histoires de fakirs ? Nous ne vou-
drions pas en garantir aveuglément l'authenticité.
De plus, le diabolique ou le préternaturel ne se mêlent-
t-ils point parfois à ces étranges expériences d'ense-
velissements ? Qui oserait le nier *a priori ?* Ce qui est
incontestable, c'est qu'on ne peut pas établir de parité entre l'état du Christ mort sur la croix et l'état
des fakirs indiens enterrés vivants. Laissons la parole
à un médecin.

« L'inhumation de l'Hindou, observe le D\ Goix (4),
est une expérience longue à préparer, difficile à
exécuter, plus difficile encore à faire complètement
réussir. Elle exige des conditions extrêmement com-
plexes, et ces conditions n'existaient certes pas pour
Jésus ».

(1) Réville, *op. cit.*, t. II, pp. 456-457. — Comp. Godet,
Comm. sur s. Jean, t. III, pp. 584-585.
(2) Voir des faits, dans Osborne, *The Court and camp
of Runjeet Sing ;* De Mirville, *Des esprits ;* Ribet, *La mys-
tique divine ;* etc.
(3) Goix, *op. cit.*, pp. 57-58.
(4) *Op. cit.*, pp. 59-60.

« Le corps du fakir ne présente aucune plaie, aucune solution de continuité... Jésus, au contraire, est mis au tombeau le corps meurtri, sanglant, déchiré par la flagellation, blessé par la crucifixion et le coup de lance...

« Le fakir est absolument incapable de passer de la vie latente à la vie active, volontairement et par ses propres efforts... Il ne reprend les fonctions de la vie qu'après des soins habiles, et prolongés parfois pendant deux heures. Il est incapable de sortir seul du tombeau ; il a besoin d'être entouré d'amis intéressés au succès de son expérience... Rien de pareil dans le cas de Jésus.

« Le fakir enfin est vivant aux yeux de tous, quand il est descendu dans son caveau. Jésus, au contraire, s'il était vivant quand il fut déposé dans le sépulcre, avait tout au moins l'apparence d'un mort ». — Nous renvoyons le lecteur à ce que nous avons écrit plus haut (1) à ce sujet. Donc pas de parité possible entre la léthargie du fakir de l'Inde et l'état du divin Crucifié.

Jésus mourut réellement sur la croix au Golgotha.

(1) Voir pp. 8-14.

DEUXIÈME PARTIE

Réalité de la présence du cadavre de Jésus pendant trois jours au tombeau.

CHAPITRE PREMIER

HISTOIRE DES HYPOTHÈSES CONTRAIRES

Deux faits sont certains d'après l'Evangile et tout le monde les admet : 1° Jésus fut mis au tombeau le vendredi dans la soirée ; 2° le dimanche matin le tombeau fut trouvé vide.

Maintenant qu'on choisisse : ou Jésus sortit vivant du sépulcre, ou son corps fut enlevé. — On devine bien que les ennemis de la foi chrétienne se décident pour la seconde hypothèse.

Mais encore *par qui* le corps du Sauveur fut-il enlevé ? Deux suppositions ont été faites.

L'une, très ancienne — puisque, selon saint Matthieu (1), elle avait cours parmi les Juifs de son temps, — consiste à dire que ce sont les apôtres eux-mêmes qui, pour tromper l'opinion, dérobèrent secrètement le cadavre de leur Maître. Cette absurdité fut répétée par Celse au second siècle, et au xviii° par Samuel Reimarus, qui la défend dans le livre cinquième des *Fragments de Wolfenbüttel*. Au milieu de la nuit du samedi au dimanche, les disciples se glissèrent dans le jardin de Joseph d'Arimathie, profitèrent du sommeil des gardes pour enlever le corps de Jésus qu'ils cachèrent soigneusement ensuite, puis propagèrent à Jérusalem d'abord, et plus tard ailleurs, des récits incohérents d'une prétendue résurrection de Jésus. Les circonstances aidant, ces fables obtin-

(1) *Matt.*, xxviii, 12-15.

rent crédit ; on finit par y croire universellement.

L'autre hypothèse, toute récente et assez en vogue aujourd'hui, attribue aux Juifs l'enlèvement du cadavre du Galiléen. Voici comment on l'explique. « L'acharnement que les chefs du judaïsme avaient déployé contre le Sauveur, démontre qu'ils en voulaient surtout à sa personne. Par conséquent, le fait de sa sépulture dans un tombeau honorable devait leur déplaire. N'était-ce pas comme une protestation contre ceux qui l'avaient fait mourir dans la honte et l'abjection ? N'avaient-ils pas à craindre, non pas une résurrection, mais que ce sépulcre ne devînt un lieu de pèlerinage pour les partisans du prophète de Galilée ? Il y avait un moyen bien simple de parer à ce danger, c'était de faire disparaître le corps, de l'enterrer dans quelque coin ignoré, ou même de le détruire. C'est ce qui dut être fait avec mystère dans la soirée du samedi, et très probablement avec le concours de soldats romains payés en conséquence » (1). De là l'histoire que rapporte saint Matthieu, de soldats payés *pour ne rien dire*. Plus tard les sadducéens se gardèrent aussi de rien répondre aux apôtres, qui prêchaient la résurrection du Maître. Ils se taisaient, parce qu'ils avaient intérêt à ne pas avouer leurs manœuvres.

Convient-il de mentionner une troisième hypothèse plus ridicule que les deux précédentes ? Ce serait le jardinier juif de l'endroit qui aurait subrepticement enlevé et caché le cadavre du Christ ! Sait-on pourquoi ? Parce que les allants et venants montaient sur ses plates-bandes et foulaient ses laitues (!!). Et l'on cherche à démontrer cette fantaisie par un texte de saint Jean, xx, 15, et par un passage de Tertullien, *De spectaculis* (2) ; quelle sottise !

(1) Cette citation est de RÉVILLE (*op. cit.*, t. II, pp. 460-461) un des plus chauds partisans de l'hypothèse de l'enlèvement du Christ par la Synagogue.

(2) On oublie de remarquer que le passage de Tertullien renferme une ironie à l'adresse des Juifs,

CHAPITRE II

IMPOSSIBILITÉ D'UN ENLÈVEMENT DU CADAVRE DE JÉSUS

Commençons par cette remarque : l'enlèvement du corps de Jésus n'est pas *un fait d'observation*. Personne ne put jamais le constater *de visu*. Est-ce que « les gardes *ne dormaient pas* (1) quand on suppose que les apôtres vinrent enlever le cadavre du Maître ? N'était-ce pas « la nuit », et « secrètement » que les affidés du sanhédrin firent disparaître le corps du Crucifié ? Somme toute, le prétendu fait de l'enlèvement de Jésus se réduit à une *hypothèse*, qui n'est ni *démontrée* ni *démontrable*, partant non avenue pour la critique sérieuse et pour la science.

J'ajoute que les apôtres furent dans l'impossibilité matérielle absolue de dérober le corps du Christ. La garde veillait ; le sépulcre était fermé par une lourde pierre ; les sceaux de la synagogue y étaient solidement posés. Comment deux ou trois disciples auraient-ils pu réussir à se glisser dans le tombeau, à en briser les scellés, à rouler la pierre énorme, sans être aperçus des légionnaires ? Ceux-ci dormaient, prétend-on. Très bien ; mais s'ils dormaient, comment ne se réveillèrent-ils point au bruit qui dut se faire ? Et s'ils continuèrent à dormir, que virent-ils et de quoi purent-ils ensuite témoigner ? Saint Augustin a

(1) Cf. *Matt.*, xxviii, 13.

raison d'écrire : *Dormientes testes adhibes ! Vere tu ipse obdormisti qui scrutando talia defecisti* (1). Etait-il du reste si facile de faire disparaître un cadavre, quand sa disparition pouvait être connue immédiatement, et que les enquêteurs disposaient pour sa recherche de la double autorité civile et religieuse ? Certes, les apôtres eussent joué gros jeu ; tout conspirait visiblement pour les empêcher de réussir.

Mais il n'est pas même vraisemblable qu'ils aient eu la pensée d'une aussi téméraire entreprise. « Ou ils croyaient, remarque Droz (2), que leur Maître ressusciterait dans trois jours, ou ils ne le croyaient pas, ou ils doutaient. — S'ils croyaient à la promesse du Christ, pourquoi se fussent-ils exposés inutilement à des dangers certains ?... Ils n'avaient besoin que d'attendre trois jours. — S'ils ne croyaient pas sa résurrection possible, ils jugeaient qu'ils avaient été trompés par lui ; ils voyaient tomber, avec sa promesse de revenir à la vie, toutes celles qu'il leur avait faites ; l'entreprise au succès de laquelle ils avaient cru était anéantie sans ressource ! Dans cette situation, le plus simple bon sens et la timidité dont ils avaient donné tant de preuves ne leur laissaient que l'alternative de se dérober aux regards des Juifs, ou de demander pardon pour l'imposture dont ils avaient été les innocents complices. — S'ils doutaient, le même bon sens et la même timidité leur disaient de se cacher pendant trois jours, pour savoir de quel côté se trouveraient la vérité et la puissance. — Dans toutes ces hypothèses rien ne put leur suggérer l'idée d'enlever le corps du Crucifié. »

Bourdaloue a écrit là-dessus de fort justes réflexions : « Quelle apparence, s'écrie-t-il, que les disciples, qui étaient la faiblesse et la timidité mêmes, soient devenus tout à coup si hardis, et qu'au travers des gardes, avec un danger visible de leurs personnes, ils aient osé ravir un corps mis en dépôt sous le sceau public ? De plus, quand ils l'auraient osé, à quel

(1) *In ps.* LXIII, 7.
(2) *Pensées sur le Christianisme*, pp. 37-39.

dessein voudraient-ils faire croire aux autres une chose dont la fausseté leur aurait été clairement connue ? Que pouvaient-ils espérer de là ? Car s'ils avaient enlevé le corps, il leur était évident que Jésus-Christ n'était pas ressuscité, et qu'il les avait trompés ; et comme ils s'étaient exposés pour lui à la haine de toute leur nation, il était naturel que se voyant ainsi abusés ils le renonçassent, déclarant aux magistrats que c'était un imposteur ; témoignage que toute la synagogue eût reçu avec un applaudissement général, et qui leur eût gagné l'affection de tout le peuple ; au lieu que, publiant sa résurrection, ils ne devaient attendre que les traitements les plus rigoureux, les persécutions, les prisons, les fouets, la mort même... Mais ce qui surprend au-delà de tout le reste, et ce que nous ne pouvons assez admirer, c'est de voir ces apôtres qui, pendant la vie de leur Maître, ne pouvaient pas même comprendre ce qu'il leur disait de sa résurrection, qui, dans le temps de sa passion, en avaient absolument désespéré, et qui rejetaient après sa mort comme des fables et des rêveries ce qu'on leur racontait de ses apparitions ; de voir, dis-je, des hommes si mal disposés à croire ou plutôt si déterminés à ne pas croire, devenir les prédicateurs et les martyrs d'un mystère qui, jusque-là, avait été le plus ordinaire sujet de leur incrédulité, aller devant les tribunaux et les juges de la terre confesser une résurrection dont ils s'étaient toujours fait une matière de scandale, ne pas craindre de mourir pour en confirmer la vérité, et s'estimer heureux, pourvu qu'en mourant ils servissent, à Jésus glorieux et triomphant de témoins fidèles » (1).

Cette page du grand orateur peut être regardée comme la meilleure et la plus complète réfutation de la thèse de Reimarus. Celle-ci, du reste, ne trouve plus crédit de nos jours auprès des gens sérieux. « On peut la rencontrer encore dans le salon, à l'estaminet surtout, non dans le cabinet d'étude. Elle se

____

(1) BOURDALOUE, *Sermon sur la Résurrection de J.-C.*, 1er point.

heurte à de trop insurmontables objections » (1).

Quant à la supposition — qu'ont inventée Réville et plusieurs modernes — d'un enlèvement par le sanhédrin, le professeur protestant Edm. Stapfer en fait bonne justice. Cette hypothèse « n'est certainement pas, dit-il, en dehors des faits possibles, mais cette possibilité est toute abstraite. Rien ne peut être cité à l'appui ; pas un fait, pas un texte, pas une allusion, si fugitive soit-elle, ne vient donner quelque valeur à cette hypothèse. Elle est gratuite dans toute la force du mot. Il y a plus : elle est souverainement invraisemblable ; car il eût été singulièrement maladroit au grand-prêtre de fournir lui-même aux apôtres un prétexte de croire à la résurrection... Peut-on d'ailleurs se représenter cette énormité : le vieil Hanan devenant le vrai fondateur du christianisme ? Nous aurions alors beaucoup d'actions de grâces à lui rendre ; en faisant mourir Jésus, en demandant par lâcheté une crucifixion à Pilate, il a déjà donné au monde un Dieu mourant pour ses péchés et les expiant sur une croix ; et maintenant il fait mieux encore : en faisant disparaître le corps, en s'acharnant sur le cadavre du malheureux enfant de Nazareth, la haine de ce prêtre sans scrupules a donné au monde un Dieu ressuscité (2) ! »

Concluons : le corps du Christ au tombeau ne fut enlevé par personne ; il y resta depuis le vendredi soir jusqu'au dimanche matin.

(1) Porret, *Revue de Théologie et de Philosophie.*
(2) Stapfer, *La résurrection de J-C.*, pp. 283-284.

TROISIÈME PARTIE

Réalité des apparitions de Jésus ressuscité.

CHAPITRE PREMIER

LES PREUVES

§ 1. — *Le nombre des apparitions.*

Volkmar — un critique qu'on ne suspectera certes pas de partialité — a écrit : « Que nous le comprenions de telle ou telle manière, ou que nous ne le comprenions pas du tout, ou que jamais nous ne puissions le comprendre, le fait que Jésus le crucifié est apparu en gloire à ses disciples, est l'un des plus certains de l'histoire du monde » (1).

C'est vrai ; le Christ se montra si souvent à ses disciples et dans des circonstances si frappantes pour la plupart qu'il est impossible d'élever un doute sur la réalité de ses manifestations.

D'abord, le jour même de la résurrection, il apparut aux siens *cinq* fois *au moins* (2).

(1) *Die Religion Jesu*, p. 76.
(2) Nous ne faisons pas entrer en compte une *sixième* apparition ; celle de Jésus à sa mère, — les Evangiles ne

1° A Marie de Magdala, dès le matin et dans le jardin, auprès du tombeau vide.

2° Quelques instants après aux saintes femmes, sur le chemin conduisant à Jérusalem.

3° A saint Pierre, dans l'après-midi ou vers le soir.

4° Aux deux disciples d'Emmaüs, dans la soirée.

5° Enfin aux *Onze* apôtres (ils n'étaient que *dix* en réalité) (1) réunis le soir dans le Cénacle, à Jérusalem.

Le Christ ressuscité apparut une *sixième fois* huit jours plus tard, au Cénacle encore, les onze apôtres étant rassemblés.

Une *septième* fois il se montra, probablement à Jérusalem ou en Judée, à l'apôtre saint Jacques le Mineur ; c'était, croit-on, dans les jours qui précédèrent immédiatement l'Ascension.

En *deux* autres circonstances solennelles Jésus apparut encore : d'abord sur la grève du lac de Tibériade, en présence de saint Pierre, de cinq autres apôtres et du disciple Nathanaël ; — ensuite sur une montagne de Galilée, en présence du collège apostolique et de plus de « cinq cents frères ». — Ce sont ces apparitions qu'on a appelées « galiléennes ». Elles eurent lieu pendant les « quarante jours » (2), depuis l'octave de la Résurrection jusqu'à l'Ascension.

Une dernière fois enfin — c'était la *dixième* — le Sauveur apparut aux siens, puis disparut pour monter au ciel.

N'oublions pas l'apparition de Jésus à saint Paul sur le chemin de Damas. L'Apôtre en a décrit les circonstances avec l'autorité d'un témoin qui *a vu* et

---

la mentionnant pas. Des Pères cependant affirment que la première apparition du Sauveur ressuscité fut pour Marie. Cf. OLLIVIER, *La Passion*, pp. 423-424. Cette tradition n'a rien que de très vraisemblable. Voir DANKO, *Historia revelat. div. N. T.*, pp. 167-169.

(1) Judas n'y était pas et saint Tomas était absent. Cf. *Joan.*, xx, 24. Le terme de *onze* est un nombre rond pour désigner le collège des apôtres après la disparition de Judas. Cf KNABENBAUER, *Comm. in Marc.*, p. 440.

(2) « *Per dies quadraginta* apparens eis », écrit saint Luc, *Act.*, i, 3.

entendu. Son témoignage n'en est que plus authentique et plus irréfutable.

Nous trouvons donc dans le Nouveau Testament *onze* apparitions *distinctes* du Christ ressuscité. Comment dès lors Stapfer ose-t-il écrire : « La suite et le nombre des apparitions ne peut pas être parfaitement établi (1) » ?

L'apparition à Marie de Magdala, le matin de la résurrection, au sépulcre, est racontée à la fois par saint Marc, XVI, 9 (2) et par saint Jean, XX, 14-17.

L'apparition aux saintes femmes (3), dans la matinée du même jour, est rapportée par saint Matthieu, XXVIII, 9-10.

L'apparition aux disciples d'Emmaüs est insinuée par saint Marc, XVI, 12, 13, et relatée au long par saint Luc, XXIV, 13-35 ; c'est, dit Réville (4), « le morceau capital dans les récits de la Résurrection ».

L'apparition à saint Pierre le même jour est mentionnée par saint Luc, XXIV, 34, et par saint Paul, I *Cor.*, XV, 5.

La première apparition aux « Onze » (aux *dix*) réunis dans le Cénacle est rapportée par saint Luc, XXIV, 36-43, par saint Jean, XX, 19-25, et résumée par saint Marc, XVI, 14. — La seconde, qui eut lieu dans le même endroit huit jours plus tard, se lit dans saint Jean, XX, 26-29.

L'apparition galiléenne au bord du lac de Génésareth est attestée par saint Jean, XXI, 1-24. — L'autre apparition galiléenne sur une montagne est racontée par saint Matthieu, XXVIII, 16-20, et signalée par saint Paul, I *Cor.*, XV, 6.

La dernière apparition de Jésus, le matin de l'As-

(1) *La Résurrection de J.-C.*, p. 276.

(2) La critique hétérodoxe rejette sans raison sérieuse l'authenticité des versets 9-20 du chapitre XVI de saint Marc. Cf. FILLION, *Comm. sur s. Marc*, pp. 7 8.

(3) Certains critiques (Godet entre autres, *Comm. sur saint Jean*, t. III p. 653) ont tort de regarder cette apparition comme « un double généralisé de l'apparition à Marie-Madeleine (chez s. Jean ».

(4) *Jésus de Nazareth*, t. II, p. 439.

cension, est relatée par saint Luc, xxiv, 44-53, et par saint Marc, xvi, 15-20 (1).

Y a-t-il dans l'histoire des faits plus sérieusement attestés ? Mais voici une objection : ni saint Marc, ni saint Luc, ni saint Paul lui-même n'ont été témoins des apparitions qu'ils racontent ; ils ne rapportent que des *on-dit*.

En est-on bien sûr d'abord pour saint Marc ? Et depuis quand les témoins oculaires ou auriculaires font-ils seuls autorité ? Admettons donc sur la foi des évangélistes et de saint Paul que le Christ a surabondamment démontré par ses apparitions nombreuses la réalité de sa résurrection.

§ 2. — *Caractère et circonstances des apparitions de Jésus ressuscité.*

A les considérer dans leur économie générale, les onze apparitions de Jésus forment un faisceau de démonstration, dont les plus sévères critiques reconnaissent la solidité.

Ce qui frappe d'abord, observe le protestant Godet (2), c'est « la remarquable gradation morale de ces manifestations. Dans les premières, Jésus *console* ; il est en face de cœurs brisés (Marie de Magdala, les deux disciples d'Emmaüs, Simon Pierre) (3). Dans les suivantes (les Onze, saint Thomas) il travaille surtout à fonder la foi au grand fait qui vient de s'accomplir. Dans les dernières, il dirige particulièrement le regard des siens vers l'avenir en les préparant à la grande œuvre de leur apostolat. C'est bien ainsi qu'il devait parler et agir, s'il a réellement agi et parlé en ressuscité ».

S'inspirant de saint Augustin, Bourdaloue fait une remarque semblable. « Pourquoi, dit-il, et à qui Jésus-Christ a-t-il paru ressuscité ? Il a paru ressuscité aux uns pour les consoler dans leur tristesse, aux

(1) Comp. *Act.*, I, 3.-9.
(2) *Comm. sur saint Jean*, t. III, p. 655.
(3) Ajoutons les saintes femmes. Cf *Matt.*, xxviii, 9-10.

autres pour les ramener de leurs égarements ; à ceux-
là pour vaincre leur incrédulité, à ceux-ci pour leur
reprocher l'endurcissement de leur cœur. Madeleine
et les autres femmes qui l'avaient suivi pleurent auprès du sépulcre, pénétrées de la vive douleur que
leur causent le souvenir et l'image toute récente de sa
mort : il leur apparaît, dit l'Evangile, pour les remplir d'une sainte joie, et pour faire cesser leurs larmes.
Les disciples faibles et lâches l'ont abandonné et ont
pris la fuite, le voyant entre les mains de ses ennemis ; il leur apparaît, pour les rassembler comme des
brebis dispersées et pour les faire rentrer dans son
troupeau. Saint Thomas persiste à être incrédule et
à ne vouloir pas se rendre au témoignage de ceux
qui l'ont vu : il lui apparaît pour le convaincre et
pour ranimer sa foi presque éteinte. Les autres,
quoique persuadés de la vérité, sont encore froids et
indifférents : il leur apparaît pour leur reprocher leur
indifférence et pour réveiller leur zèle » (1).

« Cette économie et cette progression si sagement
graduées ne permettent pas — c'est un écrivain protestant, M. Gess (2), qui fait cette observation — d'attribuer aux apparitions de Jésus une origine purement
subjective. A supposer qu'elles fussent toutes racontées par un seul et même évangéliste, on pourrait
essayer de voir dans le narrateur l'auteur d'un plan
si bien ordonné. Mais comme cette gradation résulte
de la combinaison du premier, du troisième, et du
quatrième Evangile, une telle explication est ex-
clue. »

Aussi M. Stapfer (3) dit à son tour : « La résurrection
de Jésus a été *objective*, car « il a plu à Dieu » de la
faire (4) ; ce ne sont pas les apôtres qui *ont créé* la vision du Ressuscité. »

De fait, dans toutes ou presque toutes ces apparitions

(1) BOURDALOUE, 2e *Sermon sur la Résurrection de J.-C.*,
1er point.
(2) *Christi Zeugniss*, t. I, p. 194.
(3) *Op cit.*, p. 298.
(4) Comp. *Act.* ii, 24. Cf. S. THOMAS, *Summ. theol.*, p. iii,
quæst. LIII, art. 4.

il y a des détails qui en démontrent clairement l'*objectivité*. Ainsi Marie de Magdala non seulement *voit*, mais
elle *entend* le Ressuscité ; elle lie conversation avec
lui, alors même qu'elle ne le reconnaît pas encore ; dès
qu'elle le reconnaît, elle est si sûre de se trouver en
face d'une personne réelle et vivante que d'instinct
elle veut, comme autrefois, embrasser les pieds de son
Sauveur ; il faut que celui-ci l'en empêche (1). Sur le
chemin d'Emmaüs le Ressuscité *parle* avec les disciples ; il *marche* à côté d'eux et comme eux ; il par-
tage leur table et ne disparaît qu'après avoir mangé en
leur compagnie. A noter que ce n'est qu'à ce moment
que les disciples le reconnurent ; ils croyaient jusque-
là n'avoir affaire qu'à un israélite quelconque, quoique bien vivant en chair et en os.

Cette corporéité — s'il m'est permis d'employer
ce terme — s'affirme surtout dans les apparitions
au Cénacle. Les apôtres échangeaient leurs impressions, quand tout à coup Jésus apparut. Saisis
d'effroi, ils estimèrent d'abord que c'était un esprit,
sans consistance corporelle. Jésus s'en étonna, et pour
leur prouver qu'il n'était point ce qu'ils pensaient,
il leur montra ses pieds et ses mains percés, son côté
déchiré. Saint Thomas fut prié de mettre son doigt
et sa main dans les blessures ouvertes. « Touchez, dit-
il, palpez, regardez : un esprit n'a pas la chair et
les os que vous voyez là. » Pour achever enfin de les
convaincre, il leur demanda à manger, et il mangea
en leur présence (2).

Plus tard, sur la grève de Tibériade, l'apparition fut
plus saisissante encore. Saint Jean qui y était, lui consa-
cre 23 versets de son Evangile (3). Qu'on veuille bien
les lire et l'on se convaincra, avec le P. Ollivier, qu'aucune manifestation de Jésus ressuscité « ne réunit plus
d'éléments de conviction. »

Elle n'a rien de subit ni de brusque comme les
autres : Jésus semble s'y révéler graduellement....

(1) Cf. *Joan.*, **xx**, 11-18. Comp. *Matt.*, **xxviii**, 9-10.
(2) Cf, *Joan.*, **xx**, 19-29.
(3) Voir *Joan.*, **xxi**, 1-23.

Elle n'est pas rapide comme les autres : elle se prolonge autant que peuvent le désirer les témoins ; ils ont tous le loisir de toucher le divin convive, de lui imposer l'épreuve d'une investigation minutieuse dans une lumière croissante, et qui écarte progressivement toute possibilité d'erreur... Elle a lieu dans des conditions d'expansion et de familiarité qui créent la communication des âmes et garantissent, mieux encore que l'ouïe et la vue ne peuvent le faire, la réalité de la présence d'un ami.... Elle a toute la grâce, toute la majesté dont le Dieu-Homme avait coutume de se revêtir.... Elle rappelle les souvenirs, confirme les promesses, ajoute aux prophéties »... (1).

L'apparition à saint Paul sur le chemin de Damas n'est pas moins démonstrative: « Il m'est apparu à moi aussi (ὤφθη κἀμοί) », écrivait l'Apôtre (2). Le terme ὤφθη, remarque Godet (3), peut signifier *a été vu* ou *est apparu (en vision)*. C'est le contexte qui décide. Dans l'espèce, ce terme ne peut désigner qu'une apparition *corporelle*.. A quoi veut arriver saint Paul ? A prouver notre propre résurrection corporelle. Or, il est impossible de comprendre comment une simple vision purement *spirituelle* du Seigneur, pourrait servir à démontrer la thèse de saint Paul ».

Donc les apôtres et les disciples ont *vu* et, chose à noter, cette vision du Ressuscité les a transformés complètement. De craintifs et découragés qu'ils étaient, ils devinrent intrépides, s'exposant aux plus sanglantes persécutions, uniquement pour affirmer que Jésus de Nazareth « est le Fils de Dieu et qu'il ressuscita d'entre les morts ». Oui, Strauss a raison : «Sans la foi des apôtres à la Résurrection, l'Eglise ne serait jamais née » (4).

(1) OLLIVIER, *La Passion*, pp. 435, 436.
(2) I *Cor.*, xv, 8.
(3) *Comm. sur la* 1re *Cor.*, t. II, p. 333.
(4) *Vie de Jésus*, t. I, p. 674. Trad. Littré.

CHAPITRE II

§ 1. — *Incohérence et contradictions prétendues des récits des apparitions.*

On affirme que les récits sacrés des apparitions de Jésus ne peuvent fonder une certitude historique, parce qu'ils fourmillent de contradictions.

« L'un dit: le Ressuscité avait un corps organique qui se nourrissait. L'autre dit: un corps spirituel qui passait à travers les portes fermées, et quelquefois c'est le même écrivain qui dit ces deux choses. L'un croit que la Résurrection et l'Ascension eurent lieu le même jour et ne furent qu'un seul et même fait... L'autre dit: les deux faits sont séparés par un intervalle de quarante jours. L'un dit : le Seigneur c'est l'Esprit; l'autre, c'est un corps qui porte la marque des clous » (1).

Ce n'est pas pourtant que ces contradictions surprennent dans les récits évangéliques ; on les trouve même assez naturelles, et l'on cherche à les expliquer par la différence des sources que les écrivains sacrés utilisèrent.

En effet, deux courants de traditions auraient alimenté les narrations évangéliques sur le sujet: le courant « galiléen » qu'on découvre chez saint Matthieu et chez saint Marc, et le courant « judéen » qui est

(1) Stapfer, *op. cit.*, p. 277.

visible dans saint Luc. Ces deux courants se réuniraient dans saint Jean. Or, « d'après la tradition galiléenne le Ressuscité n'a qu'une vie fugitive, et ne fait que de courtes apparitions. D'après la tradition judéenne, au contraire, la vie du Ressuscité est la continuation pure et simple de sa vie terrestre » (1).

Quant à saint Paul, il contredirait les Evangiles, et en particulier les synoptiques. « D'après lui, les apparitions ont duré *longtemps*; il peut y en avoir encore et elles se produisent partout, tandis que Matthieu, Marc et Luc déclarent que les apparitions ont pris fin, et que lorsqu'elles se produisaient, c'était à tel endroit et non à tel autre; ils les localisent... La liste des apparitions que dresse saint Paul ne concorde guère non plus avec ce que racontent les Evangiles » (2).

Ces soi-disant différences ou contradictions sont exagérées à plaisir et même, à bien prendre, elles n'existent pas du tout. La vie du Ressuscité dans les apparitions, d'après saint Matthieu et saint Marc, est aussi réelle, aussi palpable, que dans les apparitions d'après saint Luc. Que le récit soit moins long chez les deux premiers synoptiques, je l'accorde ; mais en quoi l'étendue d'une narration augmente-t-elle ou diminue-t-elle la vérité des choses racontées? Certains détails, très précis et très significatifs, qu'on lit dans saint Luc manquent dans Matthieu et dans Marc. Ceux-ci, par exemple, ne mentionnent nulle part que le Christ ait « bu et mangé » avec les siens. C'est vrai, mais de quel droit en conclure que le Ressuscité de saint Luc avait une vie toute différente de celle du Ressuscité de saint Marc et de saint Matthieu ? On s'imagine à tort que les historiens sacrés étaient tenus de rapporter tout ce qu'ils savaient. Chacun a ordonné et détaillé ses récits d'après le but particulier qu'il poursuivait; de là les divergences et l'indépendance que l'on constate entre leurs narrations. Pour ce qui concerne la Résurrection, ils devaient néanmoins

(1) *Ibid.*, p. 245.
(2) *Ibid.*, pp. 254-255.

s'accorder sur trois choses: 1° Que le tombeau de Jésus fut trouvé vide le matin du troisième jour; 2° que les anges proclamèrent le retour à la vie du Crucifié; 3° que Jésus lui-même appuya leurs témoignages par des apparitions successives ». Ce triple fait, observe Fouard (1), était le fondement de la foi des âges à venir. Aussi nous le trouvons établi dans chacun des évangélistes sur des preuves diverses sans doute, mais également concluantes. Et cette diversité même est précieuse, car elle nous montre comment la foi à la Résurrection se développa dans l'Eglise : nul récit officiel, nul accord préalable entre les apôtres; tous avaient vu Jésus ressuscité, tous l'annonçaient, et c'est l'écho de leurs paroles qui remplit les Evangiles ». Chaque évangéliste a donc puisé dans le trésor des souvenirs communs ce qui était à sa portée, et reproduit ce qui répondait le mieux au but de son écrit. « On ne songeait pas aux futurs critiques, dit malicieusement Godet (2) : la simplicité est la fille de la bonne foi. »

Que saint Jean soit plus précis dans les récits de la Résurrection, on ne s'en étonnera pas, puisqu'il a raconté ce qui s'était passé *sous ses yeux*. Saint Luc voulut être très exact, sans avoir été cependant témoin d'aucune apparition ; car « il attachait une importance toute particulière aux apparitions par lesquelles Jésus avait achevé l'éducation de ses futurs apôtres, en relevant leur courage, en raffermissant leur foi, en leur traçant le programme de leur travail et en leur promettant le secours de l'Esprit qui les soutiendrait jusqu'au bout du monde dans l'œuvre immense de leur apostolat » (3). Aussi les narrations du troisième évangéliste sont-elles les plus circonstanciées après celles de saint Jean. Quant à saint Matthieu et saint Marc, ils devaient être brefs l'un et l'autre. Le premier ne voyait dans la Résurrection que le triomphe du Messie promis à Israël ; le

(1) *Vie de N.-S.J.-C.*, t. II, p. 460.
(2) *Comm. sur s. Jean*, t. III, p. 655.
(3) GODET, *Comm. sur s. Luc*, t. II, p. 601.

second entendait rester fidèle à son programme :
« Rapporter l'Évangile du *Fils de Dieu* » (1) ;dès lors
« quelques traits lui suffisaient, écrit Fouard (2),
à raconter le prodige de la Résurrection » ; son
récit se précipitait ensuite vers la conclusion qui
absorbait toutes ses pensées : « Et le Seigneur s'éleva
vers les cieux, et il y est assis *à la droite de Dieu* » (3).

On se place donc, je crois, à un point de vue faux
lorsqu'on prétend trouver ,pour les opposer entre
elles, deux séries de traditions, les galiléennes et les
judéennes, — dans les récits évangéliques des apparitions du Christ.

Quant à saint Paul, 1 *Cor.*, xi, 3 et suiv., il n'est pas
vrai qu'il contredise les synoptiques. Les divergences
de sa liste s'expliquent par le but spécial qu'il se pro-
posait. Il ne voulait produire que trois catégories de
témoins de la Résurrection : les témoins *officiels*, qui
faisaient foi par eux-mêmes, en raison du caractère qui les distinguait et de la mission divine qu'ils
avaient à remplir ; les témoins *en masse*, c'est-à-dire
ceux qui représentaient dans son ensemble la société
chrétienne primitive ; enfin un témoin qui, aux yeux
des Corinthiens à qui il écrivait, était *omni exceptione
major*. Or, ni Marie de Magdala, ni les deux disciples
d'Emmaüs, ne rentraient dans l'une ou dans l'autre de
ces catégories de « témoins » ; les apparitions dont Jésus
les gratifia (4) avaient un caractère *privé*. Saint Paul
ne crut donc pas devoir en parler. Au contraire, il
insiste sur les apparitions aux apôtres, parce que
ceux-ci furent, dans toute la force du terme, les
témoins *officiels, testes prœordinati a Deo* (5). Il com-
mence même par l'apparition à saint Pierre, le prince
du collège apostolique ; c'était dans l'ordre ; il con-
tinue en signalant les apparitions « aux Douze », et à

(1) Cf. *Marc*, i, 1.
(2) *Loc. cit.*
(3) *Marc*, xvi, 19.
(4) On les lira dans saint Matthieu, dans saint Marc et
dans saint Jean. Voir plus haut, pp. 28-30
(5) Cf. *Act.*, x, 41.

saint Jacques, cousin du Sauveur et premier évêque de Jérusalem. Après les témoins « officiels » viennent les témoins *en masse* : « Et il apparut à plus de cinq cents frères » ; c'était l'Eglise naissante entière réunie en Galilée pour adorer son Chef, vainqueur de la mort, et le saluer dans son triomphe. Evidemment le témoignage d'une telle multitude était *public*, éclatant, irréfutable ; d'autant que la plupart de ces heureux témoins vivaient encore quand l'Apôtre écrivait : « Vous pouvez les interroger, si bon vous semble, insinue-t-il ; ils ne sont pas morts ; un grand nombre survivent, et sont là pour répondre ». Enfin saint Paul lui-même, bien que n'appartenant pas au collège des « Douze », était un témoin *omni exceptione major*, non seulement parce que les Corinthiens le regardaient comme « leur apôtre », mais parce que, de fait, il avait été choisi non moins réellement que les « Douze » et appelé par le Christ sur le chemin de Damas. L'apparition dont le divin Ressuscité l'honora présentait, à cause de cela, un caractère officiel indiscutable ; dans l'intérêt de sa thèse Paul ne pouvait la passer sous silence.

Où sont donc les contradictions entre les synoptiques et le grand Apôtre ?

Concluons : Si saint Paul tait certaines apparitions que racontent les évangélistes, ce n'est pas parce qu'il les ignorait, encore moins parce qu'il les envisageait comme des fables ; c'était plutôt parce que, selon lui, le récit en était inutile.

§ 2. — *Les apparitions de Jésus : « mythes » et « légendes populaires ».*

La vue du tombeau *vide* engendra, dit-on, chez les disciples, la foi à la Résurrection et conséquemment à de prétendues apparitions de Jésus.

« On conviendra, dit Réville, que ce fait [de la disparition du corps du Crucifié] était de nature à lancer des imaginations déjà ébranlées dans une de ces directions où la réflexion de sang-froid n'a guère de voix au chapitre » (1).

Il y aurait donc là un cas d'évolution psychologique dont la notation suivie présente quelques difficultés, lesquelles pourtant ne paraissent pas insurmontables, si l'on tient compte, comme il convient, du milieu et des croyances de la société d'alors. « Transportons-nous au premier siècle, remarque Stapfer (2) ; représentons-nous non pas des hommes d'aujourd'hui, mais des Juifs de ce temps-là, et des Juifs disciples de Jésus, devant le tombeau vide de leur Maître. N'est-il pas naturel que cette pensée : Il est peut-être revenu à la vie ; son corps s'est peut-être ranimé, leur montât au cœur ? » Ce bruit se répandit immédiatement dans le peuple. Les uns dirent : c'est un conte, et n'y crurent pas ; les autres allèrent répétant: c'est la vérité, et ils persuadèrent les moins crédules. « Car, ajoute Stapfer, il ne faut pas oublier avec quelle facilité on accueillait la nouvelle d'une résurrection, en ce temps-là. Le retour à la vie d'un cadavre, même d'un cadavre en décomposition (3), et à bien plus forte raison non encore en décomposition, semblait chose très possible ». On regardait comme déjà faite la résurrection de certains grands personnages : « Ils sont ressuscités d'avance, avant le grand jour, disait-on. Parlant de Jésus-Christ: « C'est Jean-Baptiste ressuscité », affirmait Hérode Antipas. Le populaire prenait également Jésus-Christ « pour Jérémie ou quelqu'un des prophètes » revenu en ce monde (4). On aperçut des morts ressuscités le jour où l'Homme-Dieu expira sur le Calvaire (5). Selon l'Apocalypse (6), les témoins de Jésus ressusciteront après trois jours. « Donc, une résurrection de mort était possible ; et si on remarque que nous n'avons pas, pour la première journée, un seul témoin immédiat que Jean lui-

(1) *Op. cit.*, t. II, p. 463.
(2) *Op. cit.*, pp. 290, suiv.
(3) Cf. *Joan.*, xi, 39.
(4) Cf. *Marc*, vi, 14 : *Matt.*, xvi, 14.
(5) Cf. *Matt.*, xxvii, 52.
(6) Cf. *Apoc.*, xi, 3-12.

même... ne suffirait-il pas que quelqu'un, n'importe qui, eût l'idée de la résurrection, pour qu'elle fût admise aussitôt comme possible, et peu après comme certaine »;... et cela d'autant mieux que « la nécessité religieuse de ce retour du Christ à la vie s'imposait : il fallait qu'il ressuscitât. Dieu devait donner cette preuve de la messianité de Jésus ; c'était un miracle, et le miracle était à cette époque le signe d'une mission divine » (1).

Ainsi se développa à la vue du tombeau vide la légende des apparitions du Ressuscité ; cette fable paraît même avoir été un *postulatum* de la conscience religieuse de la société d'alors.

Rien n'est plus faux, ni plus invraisemblable. Cette prétendue légende se heurte à un premier fait, qui se dégage clairement de tout ce que nous apprennent les Evangiles. Les apôtres, les disciples, les saintes femmes, tous, amis et ennemis du Sauveur, songeaient si peu à une résurrection du Maître, qu'ils n'avaient d'autre désir que d'embaumer son corps, de le déposer dans un sépulcre et de l'y enfermer en roulant à l'entrée, suivant l'usage, une énorme pierre.

A qui fera-t-on admettre que des hommes ainsi désespérés, et plongés dans l'accablement, aient répandu et accrédité le bruit que Jésus ressuscité *apparaissait*? Mais eux-mêmes, lorsque le Sauveur leur parla et leur montra ses pieds, ses mains, son corps, ne voulurent point d'abord s'en rapporter à leurs yeux ; ils doutèrent, ils hésitèrent, ils ne se rendirent qu'en tremblant à l'évidence. Marie de Magdala, elle aussi, se lamentait et pleurait auprès du tombeau. Son grand chagrin était qu'on avait « enlevé son Seigneur ». De là à croire aux apparitions du « Mort absent » il y avait loin dans sa pensée. Sur le chemin d'Emmaüs, les disciples informés de la mort du Christ et de la disparition de son cadavre étaient si tristes, que l'inconnu qui les aborda ne put se défendre de leur demander la cause d'une si profonde

____

(1) STAPFER, *op. cit.*, p. 293.

affliction. Dira-t-on que de tels esprits crurent facilement à la légende des « apparitions », et contribuèrent à la propager ?

La légende créée par nos rationalistes se heurte à deux autres faits qui la rendent impossible. C'est d'abord la transformation des apôtres. Affections, espérances, tout avait sombré dans leur âme. Et voilà que, subitement, au découragement et à la tristesse succèdent chez eux l'enthousiasme et la joie. Cette métamorphose suppose nécessairement une cause réelle, et même puissante. On ne bondit pas de l'accablement à l'enthousiasme, du renversement de ses espérances à la certitude de leur accomplissement, sans que quelque chose produise ce revirement inattendu. Une simple rumeur plus ou moins vague, un « on dit » populaire, ne suffiront jamais à expliquer le résultat en question. Ils suffiront moins encore à expliquer qu'une religion, comme le christianisme, se soit fondée sur la croyance à une *fable* ou à un *mythe*. Car c'est là un second fait d'ordre général contre lequel se brise inévitablement l'hypothèse d'une « légende des apparitions » de Jésus. Strauss l'avoue : « Sans la foi des apôtres à la Résurrection, l'Eglise ne serait jamais née ». Or, l'Eglise née il y a 1900 ans subsiste toujours, et reste debout malgré les tempêtes : miracle cent fois plus étonnant que la Résurrection elle même, si celle-ci n'était qu'un mythe reposant sur des apparitions légendaires. Voilà pourtant où en arrivent ceux qui traitent de « contes juifs » les manifestations du Sauveur ressuscité. N'est-ce pas le cas de répéter avec le psalmiste : *Iniquitas mentita est sibi* (1).

§ 3. — *Les apparitions de Jésus ressuscité : « hallucinations » des apôtres et de quelques femmes.*

On connaît la phrase impie de Renan : « La passion d'une *hallucinée* donna au monde un Dieu res-

______
(1) *Psal.*, **XXVI**, 12.

suscité »(1). Longtemps avant l'apostat français Celse
s'était écrié : « Qui donc a vu [le Christ sorti du
tombeau] ? Une femme à demi-folle, et quelques
autres à l'esprit rêveur et à l'imagination malade » (2).

Ce n'est donc pas d'aujourd'hui que l'on cherche à
expliquer les apparitions du Sauveur par l'hypothèse
étrange d'une « hallucination » des amis de Jésus.

L'hallucination est « une sensation sans objet à
la portée des sens. Son objet est absolument fictif ;
il ne peut être activement touché, ni palpé, comme
n'importe quelle chose matérielle peut l'être » (3).
Or, l'on prétend que les saintes femmes et les disciples
crurent voir, entendre et toucher le Ressuscité, mais
qu'ils ne virent en réalité, n'entendirent et ne touchèrent personne. Ce fut chez eux affaire d'imagination pure ; ils furent *hallucinés*.

Depuis un siècle cette thèse est défendue par la
plupart des coryphées du rationalisme biblique en
Allemagne et en France : Strauss, Ewald, Hausrath,
Holsten, Pfleiderer, Renan, Sabatier, Réville. — Veut-
on savoir comment ils l'expliquent ?

Ces fins critiques partent généralement de ce prin-
cipe, que « l'impression produite sur le cœur des
apôtres et de leurs amis par leur vie commune avec
un Maître tel que Jésus était ineffaçable. C'étaient
des cœurs simples, mais chauds et dévoués ... La
catastrophe... qui avait si cruellement trompé leurs
plus chères espérances, les avait terrassés, mais
tous auraient pu dire comme Pierre : « Seigneur !
tu sais que nous t'aimons ! »..... Il n'était donc pas
possible qu'après un certain temps de reprise d'eux-
mêmes les sentiments exaltés, qui avaient fait battre
leurs cœurs, ne réagissent point contre l'abattement
causé par une déception cruelle..... Il fallait sans
doute une impulsion, un choc extérieur, une circons-
tance indépendante de leur volonté. Ce fut le fait du
tombeau vide qui la fournit » (4).

(1) *Vie de Jésus*, p. 434.
(2) Cf. ORIGÈNE, *Cont. Cels.*, 2, 55.
(3) Dr GUIX, *op. cit.*, p. 81.
(4) RÉVILLE, *op. cit.*, t. II, p. 464.

D'après Pfleiderer (1) et les exégètes d'outre-Rhin en général, c'est Simon Pierre qui le premier fut *halluciné* ; à sa suite les autres apôtres le furent également. La scène se passa dans la province de Galilée. « En présence d'un fait aussi étrange (le tombeau vide), les Onze n'y tinrent plus et, le cœur partagé entre l'espoir et le doute, ils partent pour la Galilée. Après tout n'avait-il (Jésus) pas dit qu'ils se rejoindraient là ? Et à mesure qu'ils revoyaient les lieux où s'étaient écoulées les heures les plus douces de leur vie, c'était l'espoir qui l'emportait. Le voilà le lac, au bord duquel le Maître égrenait les perles de son trésor devant une foule ravie. La voilà la montagne, où il prêchait avec des *mots* inoubliables le royaume de Dieu et sa justice. La vision se forme, se précise ; c'est comme s'il était de nouveau présent devant eux. En vain quelques-uns, en retard sur les autres, hésitent avant de s'abandonner à cette bienheureuse conviction. Ils subissent à la fin la même conviction du lieu, du souvenir, de la foi ressuscitée et ressuscitant son objet. Depuis lors rien ne leur ôtera de l'esprit qu'ils l'ont vu vivant » (2).

Et qu'on ne s'étonne pas de voir ainsi tous les apôtres victimes d'une même hallucination. Scientifiquement parlant, l'hallucination collective n'est pas chose impossible ni inouïe (3). « Quand des esprits prévenus, illuminés, *écrit* Alfred Maury (4), se réunissent pour se livrer tout entiers à leurs inspirations... les hallucinations se multiplient, se compliquent, et l'assemblée ne tarde pas à se trouver dans un état particulier, qui non seulement la rend incapable d'observations critiques et réfléchies, mais la transporte dans un état spécial, sorte de rêve en commun où tout devient fantasmagorie.... Cet état

(1) *Das Urchristenthum, seine Schriften u. Lehren*, pp. 3-11.

(2) RÉVILLE, *loc. cit.*, p. 467. Voir aussi RENAN, *Les Apôtres*, pp. 1-56.

(3) Le *Bulletin de la Société de Psychologie physiologique* pour 1891 en cite des exemples.

(4) *Magie et astrologie*, p. 449.

marque toutes les apparitions religieuses » (!!).

D'après cette théorie, Pierre et les apôtres hallucinés seraient les *créateurs* des apparitions de Jésus.

En France Renan a popularisé, avec quelques nuan-
ces, une explication similaire.

Lui s'attache à l'exemple de Celse au récit du quatrième Evangile, et prétend que Marie de Magdala fut
la première hallucinée, près du tombeau même.
« Marie, dit-il, aima assez pour dépasser la nature,
et faire revivre le fantôme du Maître exquis. Dans ces
sortes de crises merveilleuses, voir après les autres
n'est rien : tout le mérite est de voir pour la première fois ; car les autres modèlent ensuite leur
vision sur le type reçu. C'est le propre des belles
organisations de concevoir l'image promptement avec
justesse, et par une sorte de sens intime du dessin.
La gloire de la résurrection appartient donc à Marie
de Magdala. Après Jésus, c'est Marie qui a le plus
fait pour la fondation du christianisme. L'ombre
créée par les sens délicats de Madeleine plane encore
sur le monde. Reine et patronne des idéalistes,
Madeleine a su mieux que personne affirmer son rêve,
imposer à tous la vision sainte de son âme passion-
née » (1).

Ce fut aux disciples d'abord, à ses compagnes ensuite. qu'elle communiqua son hallucination. Ces
dernières surtout paraissent avoir été saisies plus
fortement. Renan trouve cela naturel. car « la
conscience féminine dominée par la passion est ca-
pable des illusions les plus bizarres.. Il faut tenir
compte aussi du peu de précision de l'esprit des
femmes d'Orient, de leur défaut absolu d'éducation,
et de la nuance particulière de leur sincérité. La
conviction exaltée rend impossible tout retour sur
soi-même. Quand on voit le ciel partout, on est amené
à se mettre par moments à la place du ciel » (2).

Quoi qu'il en soit, le mouvement d'hallucination
était commencé. Le même jour où la pécheresse de

(1) *Les Apôtres*, pp. 12-13.
(2) *Ibid.*, p. 43.

Magdala crut voir le Ressuscité, les deux disciples
d'Emmaüs et les « Onze » crurent le voir pareille-
ment. Une sorte de fièvre extatique s'empara de la
petite troupe des fidèles, l'un communiquant ses
rêveries à l'autre (1). Cette vie d'illusions et d'exal-
tation mentale se prolongea jusqu'au moment où
l'élan primitif tendant à décroître, on eut recours à
l'Esprit comme au consolateur qui devait remplacer
dans l'Eglise le Ressuscité.

Ainsi le rêve de la Pentecôte succéda au rêve de
la Résurrection !

En réalité, nos critiques · rationalistes, français
et allemands, aboutissent au même résultat, savoir
que les apparitions de Jésus ne furent que rêves,
extases, illusions ; le tort des apôtres et de quelques
femmes fut de prendre ces chimères pour des réa-
lités.

Heureusement de telles théories ne tiennent pas
devant les faits ; elles ne sont que ridicules à force
d'être invraisemblables.

Rien de plus invraisemblable que l'état d'esprit
qu'on suppose chez les apôtres au jour de la Résurrection. Où prend-on que ceux-ci, par réaction contre
l'abattement de la première heure, se rappelèrent si
vivement l'image de Jésus qu'ils le crurent vivant en
chair et en os ? Où a-t-on lu que les disciples, péné-
trés encore des promesses que le Maître leur avait
faites de revenir sur la terre établir son règne,
s'attendaient à le voir au plus tôt ? C'est le contraire
qui est vrai. Les apôtres, les saintes femmes, tous les
amis de Jésus, avaient perdu espoir. Ils songeaient si
peu à une résurrection du Crucifié, qu'ils se propo-
saient de l'embaumer et, le matin même, ils se ren-
daient au tombeau pour accomplir ce pénible devoir.
Madeleine ne pensait qu'à pleurer sur la disparition
de son Sauveur ; Simon Pierre et les « Onze » se déso-
laient de ce que leurs espérances étaient déçues; sur
le chemin d'Emmaüs, Cléophas et son compagnon pa-
raissaient si affligés, si décontenancés, que le mystérieux

(1) Cf. RENAN, *ibid.*, pp. 25, 34.

voyageur,après les avoir abordés,s'enquit aussitôt des motifs de leur profonde tristesse. Personne parmi les amis du Sauveur ne s'imaginait donc aller revoir bientôt les traits aimés du Maître disparu.

Aussi les disciples et les saintes femmes ne reconnurent-ils point le Christ de prime abord ; ils le prirent pour un autre, ou ne virent en lui qu'un étranger. Pour Marie de Magdala, c'était le jardinier de Joseph d'Arimathie (1) ; pour les disciples d'Emmaüs, un inconnu ; pour les « Onze », un « esprit », une de ces apparitions qui inspirent l'effroi ; pour les apôtres qui péchaient dans les eaux du lac de Tibériade, c'était « un fantôme ». Comment soutenir après cela que les amis de Jésus étaient si remplis de son souvenir qu'ils s'imaginaient le voir, et qu'ils créèrent ainsi sa présence ?

En vérité, l'hallucination est un mot qu'on a trop répété, ; on en a abusé devant le grand public. Aujourd'hui il est acquis à la science que l'hallucination soit partielle, soit complète (2),ne saurait en imposer lorsque l'intelligence est intacte ; le sujet reconnaît alors toujours l'erreur de perception. « Il sait que la sensation hallucinatoire ne correspond à aucune réalité objective présente.S'il croit à cette réalité, de deux choses l'une:ou il juge d'après le témoignage d'un seul sens, ou il a des troubles intellectuels concomitants, et l'hallucination coexiste avec la folie »(3).Dira-t-on que les apôtres étaient en même temps *fous* et *hallucinés ?* Ni leur conduite, ni leur caractère, ni leur langage, n'autorisent une pareille supposition. Répondra-t-on qu'ils n'ont jugé que sur le témoignage d'un seul sens? Rien de plus faux. Les disciples et les saintes femmes ne crurent qu'après avoir *vu* de leurs propres yeux,

(1) **Des rationalistes** — Schleiermacher, par exemple, — prétendent que le Sauveur avait emprunté les vêtements du jardinier !

(2) On dit que l'hallucination est *partielle,* lorsqu'elle n'intéresse qu'un *seul* sens, la vue, par exemple, ou l'ouïe. On la dit *complète* lorsqu'elle affecte *tous* les sens à la fois.

(3) Cf. Goix, *op. cit.,* p. 77.

touché de leurs propres mains, *entendu* de leurs propres oreilles le divin Ressuscité, et cela *pendant quarante jours*. Voilà pourquoi leur foi fut éclairée et sincère. Si leur témoignage n'avait pas été aussi sérieux, jamais l'humanité ne les aurait écoutés ; elle n'aurait jamais accepté leur œuvre qui est l'Eglise. L'existence de celle-ci, encore debout vingt siècles après la mort de ceux qui l'établirent, ne s'accorde guère avec la stérilité bien connue des conceptions incohérentes des hallucinés ou des fous.

Au surplus, les apparitions de Jésus ne furent pas perçues par *une* ou *deux* personnes, mais par sept, par douze, par plus de cinq cents. Tous ces voyants étaient-ils donc hallucinés ensemble ? Oui, assure-t-on, et l'on cite comme exemples les épidémies convulsionnaires du moyen âge, les illusions de l'ouïe et de la vue chez les prophètes camisards, illusions que partagèrent les foules abusées et ignorantes (1).

Mensonges et sophismes que tout cela ! « Ces exemples, dit Godet (2), ne servent qu'à faire mieux ressortir le contraste entre les états de la réelle surexcitation auxquels ils appartiennent, et le calme, le sang-froid, le sérieux pratique, le bon ordre irréprochable de l'Eglise apostolique. Rien ne ressemble moins que celle-ci à une populace ignorante et fanatisée. Il semble que le calme divin de Jésus domina les apôtres et les fidèles. On connaît les symptômes de surexcitation nerveuse, les cris, les gémissements, les crampes, les évanouissements qui ont si souvent signalé ce que l'on a appelé les réveils. Aucune trace de phénomènes semblables dans les églises de la Pentecôte ».

Ces réflexions du critique protestant sont très justes. Aussi personne ne prendra au sérieux le passage où Renan dit que « les premiers jours de l'Eglise furent comme une période de fièvre intense, où les fidèles s'enivrant les uns les autres, et s'imposant les uns aux autres leurs rêves, s'entraînaient mutuelle-

____

(1) Cf. Renan, *Les Apôtres*, pp. 16. 17, et 22, note 2.
(2) *Comm. sur s. Luc*, t. II, p. 592.

ment et se portaient aux idées les plus exaltées. Les
visions se multipliaient sans cesse. Les réunions du
soir étaient le moment le plus ordinaire où elles se
produisaient. Quand les portes étaient fermées et que
tous étaient obsédés de leur idée fixe, le premier qui
croyait entendre le doux mot *schalom*, « salut », ou « en
en paix », donnait le signal. Tous écoutaient et en-
tendaient bientôt la même chose. C'était alors une
grande joie pour ces âmes simples de savoir le Maître
au milieu d'elles » (1).

Aujourd'hui l'on rejette comme une vieillerie cette
hypothèse d'une hallucination en masse. Si *un seul*
apôtre avait vu, à la bonne heure ! Il y aurait quelque chance à soutenir qu'il fut halluciné. Mais ce
qui est facilement possible pour un, écrit M. Porret (2),
serait difficile pour plusieurs, et devient positivement
absurde pour un grand nombre. On fouillerait les
annales de la folie, sans rien trouver qui permette
d'admettre une telle contagion ».

Une autre preuve que les apparitions de Jésus
ressuscité ne furent pas de simples sensations hallucinatoires, « se multipliant sans cesse », et se renouve-
lant toujours sous la même forme de « grands rêves
mélancoliques, » « d'entretiens avec le mort chéri » (3),
c'est que ces apparitions cessèrent brusquement, et
ne se prolongèrent point au delà *de quarante jours*.
En aurait-il été ainsi, si l'imagination exaltée des
voyants avait, comme on le suppose, *créé* la présence
du Sauveur ? Il est vrai que nos rationalistes donnent
une assez longue durée aux apparitions de Jésus.
Renan estime que « près d'un an s'écoula dans cette
vie suspendue entre le ciel et la terre ». Pour lui le
nombre *quarante* (jours) fixé par les *Actes*, I, 3, n'est
pas exact. Ce nombre aux yeux des Juifs était symbo-
lique; « le peuple d'Israël passa *quarante ans* au
désert, et Moïse *quarante jours* au Sinaï; Elie et Jésus
jeûnèrent *quarante jours*, etc., » (4). Voilà pourquoi

(1) Renan, *Les Apôtres*, pp. 25-26.
(2) *Loc. cit.*,
(3) Renan, *Les Apôtres*, p. 34.
(4) *Ibid.*, p. 36, not. 2.

sans doute M. Sabatier affirme qu'entre les apparitions aux apôtres et aux disciples mentionnées dans
I *Cor.*, xv, 8, et l'apparition du Sauveur à saint Paul
lui-même, il dut y en avoir toute une série d'autres.

Ce sont là de pures conjectures qu'aucun texte
n'autorise. Renan le savait si bien qu'il ne put jamais
fournir à l'appui de ces dires que le témoignage
plus que douteux de quelques sectes gnostiques, en
particulier des valentiniens et des séthiens, qui se
passaient la fantaisie d'évaluer à dix-huit mois la
durée des apparitions de Jésus (1). Il serait étrange, en
vérité, que ni les évangélistes, ni saint Paul, ni les
anciens Pères, ne mentionnassent aucune de ces
apparitions si nombreuses et si continues. N'est-ce
pas une preuve qu'il n'y en eut point d'autres que
celles dont parlent l'Apôtre et les Evangiles ? Les
apparitions de Jésus cessèrent donc tout d'un coup,
à partir du jour de l'Ascension. « Ce fait, conclut
Godet, oblige l'historien impartial à attribuer ces phénomènes à une cause extérieure » (2). partant objective, indépendante des dispositions d'esprit de ceux
qui en furent témoins.

Un dernier mot. C'est sans raison et contre l'évidence des textes que plusieurs critiques allemands (3)
font de Simon Pierre le créateur des premières
apparitions du Ressuscité. Nous n'admettons point
l'hypothèse que le chef des apôtres se serait enfui
par peur dès les premiers jours en Galilée, et qu'il
y aurait été suivi aussitôt par tous les disciples. Nos
Evangiles disent tout le contraire. Les « Onze »
restèrent au moins huit jours à Jérusalem ou dans
la Judée (4). Nous savons également que les premières apparitions eurent lieu aux abords mêmes
du sépulcre, dans la ville sainte et aux alentours. Ce
ne fut que plus tard que le Sauveur se montra en
Galilée où il avait convoqué les siens.

(1) Cf. s. Irénée, *Adver. hœres.*, i, 3, 2 ; 30, 14.
(2) *Op. cit.*, p. 593.
(3) Voir plus haut, p. 43.
(4) Comp. *Act.*, i, 4.

4

L'explication allemande ne vaut pas mieux que l'explication française de Renan ; toutes deux sont également inadmissibles, invraisemblables.

§ 4. — *Les apparitions de Jésus ressuscité : visions « pneumatiques ».*

Ce mot étrange, presque barbare, n'est pas de nous ; l'école protestante et semi-rationaliste qui s'en sert l'a inventé (1) , et nous le lui empruntons. On veut désigner par là des apparitions du corps *spiritualisé* de Jésus, lesquelles se produisirent, non pas extérieurement dans notre atmosphère, mais intérieurement, dans *l'esprit*, dans *l'intelligence* des voyants qui en furent favorisés. Ces apparitions étaient donc « pneumatiques » ou *spirituelles* : d'abord parce que le corps de Jésus, qui apparaissait, ne présentait plus les mêmes *conditions* que pendant son existence terrestre, mais était devenu tout *spirituel* par la résurrection ; ensuite parce que le phénomène de l'apparition, réel sans doute quoique d'ordre psychologique et interne, se passait dans les facultés mêmes des témoins.

Ce système d'explication n'est au fond qu'un essai tenté par plusieurs pour échapper d'une part à l'enseignement de l'Eglise qui affirme la résurrection corporelle du Sauveur, et pour attribuer cependant, d'autre part, quelque objectivité à ses apparitions dont on ne veut pas faire de simples sensations hallucinatoires.

L'hypothèse des apparitions « pneumatiques » fut imaginée en Allemagne par Weisse (2) et par Keim (3). Elle a été soutenue aussi par Schenkel, Schweizer, Lotze, Weizsœcker, etc. En France Stapfer, Sabatier, Ménégoz, l'ont accréditée parmi les protestants.

Sur quoi se fonde-t-on pour faire admettre cette

(1) STAPFER, SABATIER, GODET, etc.
(2) Dans sa *Evangelische Geschichte*, II, pp. 426, suiv.
(3) Cf. *Der Geschichtliche Christus*, pp. 138-139.

hypothèse ? Sur le récit de l'apparition de Jésus à
saint Paul d'après *Act.*, ix, 1-22 ; xxii, 1-21 ; xxvi, 9-
20, et sur certaines déclarations du même Apôtre dans
Gal., i, 14, 15 ; I *Cor.*, xv, 1-8. « Saint Paul, écrit
Stapfer (1), était convaincu que le jour où le Sauveur
lui était apparu (κἀμοὶ ὤφθη) sur le chemin de Damas, il avait *entendu* le Seigneur ; qu'il avait été en
rapport avec Jésus-Christ ; que celui-ci lui avait
parlé en langue hébraïque..... Mais comment Paul se
représentait-il Jésus ressuscité ?... Il avait entendu
une voix, et en même temps il avait eu *une vision
intérieure*, et il s'était passé un drame dans son âme.
Dans sa conviction, Jésus lui était *réellement* apparu.
Mais ce n'était pas *le corps matériel* de Jésus de Nazareth qui s'était montré à lui ; Dieu avait révélé
Jésus-Christ « en lui ». Il le dit de la manière la plus
explicite, et sans qu'il soit possible de donner un
autre sens au terme dont il se sert » (2). C'est dans
un corps *spirituel* et *céleste* que Jésus se manifesta à
son futur apôtre. Le corps du Christ ressuscité, « fait
de la substance de son πνεῦμα, n'avait rien de matériel ni de terrestre ». Il s'agit donc bien d'une apparition « pneumatique » ou *spirituelle*, l'esprit, l'intelligence de l'Apôtre en ayant été exclusivement le
théâtre, mais réelle pourtant et objective, car elle se
rattachait à certaines circonstances extérieures de
temps et de lieu : elle était « survenue au milieu de
la guerre que Paul faisait aux chrétiens ;... elle avait
eu lieu aux environs de Damas,... et à partir de ce
moment la vie de Paul prit une direction tout oppo-
sée » (3).

Or, l'apparition à Paul était incontestablement de
même nature que toutes les autres, puisqu' « il met
sur le même rang l'apparition dont il fut favorisé et
les apparitions aux « Douze » (4). Dieu aurait donc
révélé son fils à *l'esprit* des disciples, des saintes

(1) *Op. cit.*, pp. 258-261, suiv.
(2) STAPFER cite à ce propos *Gal.*, i, 15, 16 : « Il a plu à
Dieu.... de révéler son Fils *en moi* : τὸν υἱὸν αὐτοῦ ἐν ἐμοί.
(3) SABATIER, *L'apôtre Paul*, p. 45.
(4) STAPFER, *Op. cit.*, pp. 255, 263.

femmes, etc., comme il le *révéla dans Paul*, et à cette révélation *intérieure* correspondirent des phénomènes extérieurs : éblouissement des yeux, audition de paroles, etc. « Pour l'historien impartial, conclut Stapfer (1), la doctrine de Paul est la vraie ; c'est la plus ancienne, et la seule qui se rattache à un témoignage direct et authentique, et c'est après l'Apôtre qu'on a donné à Jésus un corps matériel et tangible ». L'écrivain protestant rejette donc *l'autre* tradition — celle des synoptiques — « qui donne à Jésus le corps même de sa vie terrestre, qui fait de la vie du Ressuscité une espèce de supplément à son ministère durant quarante jours, et se terminant par l'ascension matérielle de son organisme physique remontant dans le ciel bleu qui est au-dessus de nous. »

L'hypothèse que nous venons d'exposer se heurte à des difficultés sans nombre.

D'abord elle est en contradiction flagrante avec la conviction des apôtres et de saint Paul lui-même, telle que nous la connaissons par les récits inspirés. Tous les disciples et amis du Christ qui le contemplèrent après sa résurrection ne doutèrent jamais qu'il fut réellement vivant devant eux « en chair et en os ». Saint Jean l'atteste pour sa part (2), car lui et les « Onze » *mangèrent* avec le Ressuscité. Saint Thomas *toucha* de sa main son corps adorable, à la vue des autres apôtres ; c'est encore saint Jean, lequel était alors présent, qui le raconte (3). « Vous voyez bien que je ne suis point un esprit, leur répétait Jésus ; un esprit, un fantôme, n'a ni chair ni os comme moi ». En vain Sabatier (4) objecte que ces détails se trouvent uniquement dans les Evangiles de saint Luc et de saint Jean qui ont *matérialisé* les apparitions du Christ d'après la légende. Nous estimons, au contraire, que saint Jean et saint Luc n'ont rien « matérialisé » ; leurs récits concordent avec ceux

(1) *Ibid.*, p. 265.
(2) *Joan.*, XXI, 1-24.
(3) *Ibid.*, XX, 27-29.
(4) *Le Christianisme au XIXᵉ siècle*, nᵒ d'avril 1880.

de saint Mathieu et de saint Paul. Le premier (1) ne
rapporte-t-il pas que les saintes femmes en se pros-
ternant *prirent*, pour les baiser, les *pieds* du Maître,
le matin de la Résurrection ? Le second laisse clairement entendre que l'apparition de Damas était
toute différente des extases et autres visions dont
Dieu l'honora. Les *Actes* nous apprennent en effet
qu'il *vit* (ἰδεῖν) plusieurs fois le Seigneur, par exemple
à Jérusalem dans le temple (cf. *Act.*, xxii, 17-21), et
dans la citadelle (cf. *Act.*, xxiii, 11), à Corinthe (cf.
Act., xviii, 9), etc. Mais il s'agissait là de visions
« spirituelles » ; saint Paul nous en prévient, car il
dit avoir vu le Seigneur dans la première ἐν ἐκστάσει,
dans la seconde νυκτί (de nuit), dans la troisième
δι'ὁράματος. Sur le chemin de Damas ce fut tout
différent. Paul ne fut point élevé, ravi en extase,
emporté jusqu'au troisième ciel, c'est Jésus qui descendit vers lui, et qui le convertit soudainement par
le miracle d'une intervention personnelle et corporelle. Ainsi l'Apôtre qui eut beaucoup de visions,
affirme-t-il n'avoir vu le Ressuscité *qu'une seule fois,
en dernier lieu, et après tous les autres* (2). « Il faut,
observe Sabatier (3), qu'il y ait eu dans sa conscience
une ligne de démarcation nettement tranchée entre
ces apparitions dont la série est close (ἔσχατον δὲ
πάντων) et les extases et visions qui durèrent durant
tout l'âge apostolique ». D'ailleurs, ajoute Godet (4),
« si ce n'était pas là le sens de cette phrase : *novissime
autem omnium... visus est et mihi*, elle exprimerait un
fait matériellement faux. Car le Seigneur est apparu
en vision à d'autres après la conversion de saint
Paul, à Ananias, par exemple. Il est donc évident, —
conclut il, — qu'aux yeux de l'Apôtre qui connais-
sait la différence entre ces deux ordres de faits,
l'apparition de Damas appartient à une toute autre
catégorie que les visions. C'est ce qui ressort encore

(1) Cf. *Matt.*, xxviii, 9.
(2) Cf. I *Cor.*, xv, 8.
(3) *L'Apôtre Paul*, p. 50.
(4) *Comment. sur s. Luc*, t. II, p. 595.

du terme σωματικῶς, *corporellement* (1), certainement dicté à Paul par le souvenir de l'impression qu'il avait reçue de cet événement unique ».

Autre difficulté contre laquelle se brise l'hypothèse des apparitions « pneumatiques ». Qu'on nous explique comment les apôtres et les disciples qui ne s'attendaient nullement à une résurrection corporelle de leur Maître, — cela est démontré et incontestable (2), — en vinrent à substituer à des révélations purement spirituelles et internes des apparitions matérielles, extérieures et corporelles. Ils n'avaient vu des yeux de leur intelligence qu'un Christ immatériel, céleste, « vivifié en esprit », et ils osèrent raconter plus tard qu'ils l'avaient touché, palpé, qu'ils avaient « bu et mangé avec lui » ! Ce revirement d'idées chez eux demeure inexplicable, car il est invraisemblable. Aussi bien ils auraient menti en affirmant avoir été témoins de phénomènes extérieurs qui n'existèrent jamais.

Voilà à quelles conséquences absurdes on aboutit « pour envelopper de brouillards un fait patent qu'on ne veut pas voir » : le fait de la résurrection *corporelle* de Jésus-Christ. « Ce sépulcre vide sur lequel est fondée l'Eglise ne s'explique que par la libre sortie de Celui qui y avait été couché » (3).

§ 5. — *Les apparitions de Jésus ressuscité : effets de « télépathie » et de « téléplastie ».*

La *télépathie* est un phénomène psychique très mystérieux. « Un sujet sain d'esprit et n'ayant jamais eu d'hallucination antérieure, éprouve tout à coup certaines impressions sensibles, visuelles, auditives, tactiles, qui lui donnent, avec le sentiment de la présence d'une personne connue, l'idée de la maladie ou plus souvent de la mort de cette même personne. Les moyens ordinaires d'investigation n'auraient pu faire

(1) Cf. *Coloss.*, ii, 9.
(2) Voir plus haut, p. 40, 45, 46.
(3) Godet, *Comm. sur s. Luc*, t. II, p. 597.

connaître, ni même soupçonner cette maladie ou cette mort, et l'enquête ultérieure vient cependant en confirmer la vérité » (1).

Dans ces sortes de phénomènes la personne qui *apparaît* et la personne qui *voit* s'influencent mutuellement *à distance* (τῆλε et πάθος), mais comment et par quel intermédiaire, nous l'ignorons. Ce qui est sûr, c'est que des faits de ce genre ont été constatés (2) et se constatent encore.

Nous en lisons un curieux exemple dans les *Proceedings of Society for psychical Research* (3) « La nuit du 8 septembre 1855, écrit le capitaine anglais Russel Colt, je fus brusquement éveillé, et je vis en face de la fenêtre de ma chambre, auprès de mon lit, mon frère à genoux enveloppé d'une sorte de vapeur légère et phosphorescente, me regardant d'un air affectueux, suppliant et triste... Je me levai, traversai l'apparition et gagnai la porte... L'apparition tourna lentement la tête, me regardant toujours d'un air suppliant, et je remarquai à la tempe droite une blessure, d'où s'échappait un flot rouge. La face était d'une pâleur de cire ; elle était transparente et le point rougeâtre aussi ». Or, le frère du capitaine Colt venait d'être tué dans un assaut, par une balle qui l'avait frappé à la tempe droite ; on le retrouva trente-six heures après comme agenouillé au milieu d'un monceau de cadavres qui le maintenaient dans cette position.

Ne pourrait-on pas identifier les prétendues apparitions de Jésus avec ces visions télépathiques ?

Non ; c'est impossible. En effet, dans tous les phénomènes de télépathie observés jusqu'ici, la personne qui apparaît ne peut jamais être activement touchée et palpée. Seule la personne qui perçoit l'apparition est susceptible d'éprouver une impression, un contact,

(1) Goix, *op cit.*, p. 84.
(2) Cf. Cicéron, *De divinatione*, lib. I, cap. XXVII ; s. Augustin, *De cura pro mortuis*, cap. XI ; S. Grégoire, *Dialogorum*, lib IV, cap. XL, LV.
(3) Vol. I, p. 124.

tantôt un serrement, tantôt un frôlement ou un bruit, tantôt une sensation de froid. Or, les apôtres touchèrent réellement le corps de leur Maître. De plus, l'impression télépathique ne porte ordinairement que sur un sens. la vue. C'est par exception (1) qu'elle atteint *à la fois* les yeux, l'ouïe et le toucher. Or, toujours les apôtres virent, palpèrent et entendirent le Sauveur ressuscité. Donc. pas d'assimilation possible entre les apparitions du Christ et les visions télépathiques.

La *téléplastie* est un phénomène de matérialisation d'un fantôme. Non seulement l'apparition alors se montre, mais encore elle se laisse toucher. Comme dans la télépathie l'action se passe à distance, non pourtant sans quelque intermédiaire, appelé *médium*.

La nature et la cause des phénomènes téléplastiques sont l'objet de vives controverses parmi les savants. Ce qui est sûr c'est que ces phénomènes se produisent réellement quelquefois et ne sont pas tous l'œuvre de la supercherie humaine. Sans chercher loin, ne trouvons-nous pas dans l'Ecriture (2) l'histoire de l'évocation du prophète Samuel par la pythonisse d'Endor ? Le mort revint d'outre-tombe et prophétisa la défaite de Saül (3). Aujourd'hui les spirites renouvellent encore — pas toujours d'une façon authentique cependant — ces phénomènes mystérieux.

Or, les faits observés jusqu'ici présentent tous les caractères suivants. D'abord ils ne se produisent qu'en présence, sinon par l'entremise d'un *médium*. En outre, le corps qui apparaît n'est pas de chair et d'os : s'il se laisse palper, il ne se laisse jamais saisir, il échappe continuellement ; c'est un simulacre de corps humain. Ce fantôme enfin est presque toujours incomplet : ainsi on n'apercevra qu'une main,

(1) *Huit* fois seulement sur 702 observations, d'après Goix, *loc. cit.*

(2) Cf. I *Reg.*, xxviii. Comp. *Eccli.*, xlvi, 23.

(3) Voir là-dessus l'intéressante dissertation de Hummelauer dans son *Commentaire sur I Reg.*, xxviii.

un bras, une tête, un buste. Jamais l'apparition n'est
un véritable corps vivant.

On voit tout de suite qu'il est impossible d'identifier les apparitions de Jésus ressuscité avec les maté-
rialisations téléplastiques. Quand le Sauveur se montra aux siens dans le Cénacle, le soir de Pâques, il se
révéla plein de vie, mangea, se laissa toucher; son
corps ne se déroba point aux mains qui le palpaient
et le saisissaient. Au contraire Thomas, le disciple
incrédule, put enfoncer huit jours plus tard ses doigts
et sa main entière dans la profondeur des cicatrices
glorieuses du Crucifié. Ce qui est remarquable encore,
c'est que les apôtres virent le Christ ressuscité non
pas une fois, deux fois, et comme en passant, mais
bien à plusieurs reprises pendant quarante jours;
ils le virent sous sa forme complète, sans aucun intermédiaire, sans aucun *médium*; ils l'entendirent
parler, conversèrent avec lui, et apprirent de sa
bouche maints secrets intéressant le royaume de
Dieu (1).

Il n'y a pas à en douter; les apparitions de Jésus
furent réelles.

CONCLUSION

Si Jésus était réellement mort le soir du vendredi;
si son cadavre fut réellement mis au tombeau où il
demeura jusqu'au surlendemain sans avoir pu être
enlevé par personne; si le dimanche matin le sépulcre
fut réellement trouvé vide; si depuis lors le Crucifié
se montra réellement aux siens pendant quarante
jours vivant et glorieux; l'incrédulité aura beau nier,
elle aura beau protester, le miracle de la résurrection
du Christ s'impose et constitue, selon la parole de

(1) Cf. *Act.*, I, 3.

Volkmar (1), « l'un des faits les plus certains de l'histoire du monde. »

Aussi a-t-on cru toujours à la Résurrection. Elle a servi de base à la prédication des apôtres ; l'Eglise et le christianisme reposent sur elle ; les martyrs en ont scellé de leur sang l'incontestable vérité.

Par sa propre vertu divine Jésus brisa donc les portes de la mort et sortit de son tombeau. Même après leur séparation au moment du trépas l'âme et le corps du Sauveur ne cessèrent point d'être unis au Verbe. On s'explique par là que de lui-même le Christ reprit son corps et son âme dès qu'il le voulut et comme il lui plut (2). Ne l'avait-il pas annoncé de son vivant : « Personne ne peut me ravir mon âme ; je la laisse moi-même et la reprends à mon gré ; ce pouvoir je le tiens de mon Père » (3). Voilà pourquoi le jour de Pâques, dès avant l'aube, les saintes femmes venues au sépulcre le trouvèrent vide. « Pourquoi, leur dirent les anges, cherchez-vous parmi les morts celui qui est ressuscité plein de vie ? Jésus de Nazareth n'est plus là ; il s'est levé glorieux » (4).

La critique rationaliste n'a jamais compris comment le Christ conservait après sa résurrection son même corps d'autrefois. « Ce n'est pas ce corps, dit-on, qui est monté au ciel avec son organisme physique le jour de l'Ascension (5) », et l'on se perd en conjectures inadmissibles pour résoudre le problème de la transformation du corps ressuscité de Jésus. Peu nous importe ; nous savons que le Sauveur garda son même corps, mais que ce corps obéit alors à des lois et jouit de propriétés toutes nouvelles. On en prendra quelque idée à la lecture du passage où saint Paul décrit les qualités futures des corps des justes après la résurrection générale (6). Ceux-ci, en effet, ne ressusciteront-

(1) *Die religion Jesu*, p. 76.
(2) Cf. S. Thomas, *Summ. theol.*, 3 p. quæst. LIII, art.4.
(3) Cf. *Joan.*, x, 17, 18.
(4) Cf. *Matt.*, xxviii, 5-7 ; *Marc*, xvi, 5-7 ; *Luc*, xxiv, 3-8.
(5) Cf. Stapfer, *op. cit.*, p. 280.
(6) Cf. I *Cor.*, xv, 42-44.

ils pas à l'exemple du Christ ? « Christus resurrexit
a mortuis, *primitiæ dormientium*.... In Christo *omnes
vivificabantur* » (1). Or, le corps du juste ressuscité sera
impassible, c'est-à dire que sa chair demeurera à
l'abri des morsures de la mort et des atteintes de la
douleur. Ainsi en fùt-il du corps glorieux de Jésus :
la faim, la soif, le froid, les maladies, la souffrance
la mort ne pouvaient plus l'atteindre (2). Le Christ
mangea cependant, objectera-t-on. Sans doute, mais
il ne mangea pas par faim ; cet acte n'était pas le
résultat d'un besoin. Il voulait montrer qu'il *pouvait*
manger, partant que son corps était réel, qu'il n'était
point un pur esprit, un fantôme.

A « l'impassibilité » les corps des justes joindront
la *clarté* : « Tunc *fulgebunt justi sicut sol* », a dit le
Sauveur lui-même (3). Ainsi resplendissait l'humanité
de Jésus délivrée des infirmités terrestres d'autrefois ;
elle rayonnait de l'éclat de la vie parfaite.

Le corps du juste sera doué aussi de force et d'*agilité*:
« Seminatur in infirmitate, surget *in virtute* » (4). Une
énergie mystérieuse l'affranchira de sa lourdeur natu-
relle, lui donnera les ailes de l'esprit, en sorte qu'il
deviendra, observe judicieusement saint Thomas (5),
*expeditum et habile ad obediendum spiritui in omnibus
motibus et actionibus animæ*. — prompt, léger, rapide
comme la pensée humaine (6). On s'explique par là,
que Jésus put se rendre présent ici et là et se trans-
porter d'un lieu à un autre avec une promptitude, une
facilité qui tenaient du prodige.

Enfin le corps du juste sera revêtu de spiritualité :
« Surget corpus *spiritale* » (πνευματικόν) (7). Plusieurs
traduisent « spiritualité » par *subtilité*. Le sens est le
même. Spirituel et subtil, le corps de Jésus pénétra la

(1) *Ibid.*, 20, 22.
(2) Comp. *Apoc.*, vii, 16.
(3) Cf. *Matt.*, xiii, 43. Comp. I *Cor.*, xv, 43.
(4) Cf. I *Cor.*, xv, 43.
(5) *Supplem.*, quæst. lxxxiv, art. 1.
(6) Comp. *Is.*, xl, 31.
(7) Cf. I *Cor.*, xv, 44.

matière à l'instar d'un esprit. Aussi les apôtres furent surpris de le voir apparaître tout-à-coup au milieu d'eux dans le cénacle, les portes closes.

C'est à peu près tout ce que nous pouvons dire des mystérieuses propriétés du corps ressuscité de Jésus-Christ. Saint Augustin n'abordait ce sujet qu'en tremblant : « Quœ sit autem et quam magna spiritualis corporis gratia, quoniam nondum venit in experimentum, vereor ne temerarium sit omne quod de illa profertur eloquium » (1).

Puisqu'il ressuscita, le Christ est DIEU.

Or, si le Christ est Dieu, toute sa doctrine est divine, car ce qui vient d'un Dieu doit être marqué du sceau de la divinité. On doit donc tenir pour divins tous et chacun des articles du *Credo* catholique.

Le Christ Dieu a donné ses commandements aux hommes ; donc sa loi est divine et nous ne pouvons pas nous y soustraire.

Le Christ Dieu a établi sur terre une Eglise ; donc cette Eglise est divine. Il l'a constituée dépositaire de ses sacrements ; donc ces sacrements sont divins. Il lui a confié l'interprétation de sa parole et de ses enseignements ; donc le magistère de l'Eglise est divin, infaillible.

Le Christ Dieu a prédit la résurrection future de nos corps ; donc nous ressusciterons un jour ; c'est une vérité de certitude divine.

Le Christ Dieu a promis aux justes la vie éternelle, et menacé les méchants du feu de l'enfer ; donc les mystères du ciel et de l'éternité sont des vérités divines.

Ainsi tout dans le christianisme repose sur la vérité de la résurrection de Jésus-Christ. Si l'on parvenait à ébranler ce dogme, tout s'écroulerait dans l'édifice sacré de notre religion. Heureusement les attaques de l'impiété et du rationalisme n'ont contribué jusqu'ici qu'à l'asseoir plus solidement, et il en sera de même jusqu'à la fin des siècles, car « la vérité du Seigneur demeure à jamais (2). »

(1) *De civit. Dei*, lib. XXII, cap. xxi.
(2) *Ps.* cxvi, 2.

BIBLIOGRAPHIE

S. Thomas, *Summa theologica*, 3 p., quæst. 53, 54, 55.

Scherlock, *The Trial of the Witnesses of the Resurrection of Jésus.*

Griesbach, *Inquiritur in fontes Evangelii de resurrectione Domini.*

Doedes, *De Jesu in vitam reditu.*

Andrews, *Life of our Lord.*

Wallon, *L'Autorité de l'Evangile.*

Danko, *Historia revelationis divinæ N. T.*

Wiseman, *Discours sur les rapports entre la science et la religion révelée.*

Lescœur, *La science et les faits surnaturels contemporains.*

Renan, *Vie de Jésus.*

— *Les Apôtres.*

Réville, *Jésus de Nazareth*, t. II.

Stapfer. *La mort et la résurrection de J.-C.*

Rohrbach, *Die Berichte über die Auferstehung Jesu Christi.*

Hettinger, *Apologie du Christianisme.*

Steenkiste. *Commentarius in s. Matthæum*, t. IV.

Sabatier, *L'Apôtre Paul.*

Goix, *Le miracle.*

Porret, *Jésus-Christ est-il ressuscité?*

Ollivier, *Les amitiés de Jésus.*

Godet, *Commentaire sur saint Luc*, t. II.

— *Commentaire sur saint Jean*, t. III.

Fouard, Le Camus, Lesêtre, Didon, Fretté, etc.

TABLE DES MATIÈRES

Saint-Amand (Cher). Imprimerie BUSSIERE

www.ingramcontent.com/pod-product-compliance
Lightning Source LLC
Chambersburg PA
CBHW051616060726
47597CB00004B/1312